銀行を淘汰する破壊的企業

山本康正

SB新書
548

ここは２０２５年12月12日、
アフターコロナの銀行の近未来

はじめに

銀行の未来はこの11社が決定づける

「Congratulations!」

おそろいの青いTシャツを着た大勢のメンバーが、壇上に上がっている一人の男性に向かい、一斉にお祝いの言葉をかけています。同時に、その人物に向かってクラッカーを発射！　壇上の人物は、クラッカーから飛び出た大量のテープを浴びていますが、表情はとてもうれしそうです。

彼の名は、高橋蓮《れん》（仮名）さん。年齢は40歳。ここはアップルの東京オフィスで、蓮さんは「アップル」の新規事業を日本に広めるＧＯＴＯマーケット事業の統括責任者です。

今日の集まりは、アップルバンクが日本で利用者2500万人を突破したことをお祝いするためのものでした。

新型コロナウイルスは、この本の2025年の世界でも猛威を振るっています。ワクチンは普及したのですが、ワクチンの効かない変異株が発生し続け、ワクチン開発と変異株発生の競争が続いています。特に感染者が減らない東京では、1日の感染者数が増えるたびに緊急事態宣言を発出し、1〜2カ月ほど外出や夜の飲食を制限。そうして感染者数が減ると、宣言を解除。この繰り返しが、5年ほど繰り返されています。

そのため多くの人はできるだけ外出を避け、なるべく自宅で事が済むように活動しています。その結果、以前にも増してパソコンやスマホといったオンラインでのやり取りが増加。ニーズに対応するかたちで、テックカンパニーが次々と新しいサービスを提供しています。

中でもここ数年は、特にスマホで完結するサービスがトレンドとなり、GAFAはもちろん、新しいテックベンチャーも次々と登場し、私たちの暮らしを便利にしてくれています。

そんな中、特に業績を伸ばしているのがアップルです。2024年に開始したアップルバンクが絶好調で、時価総額は300兆円を突破。名実ともに、世界ナンバーワン企業として、2025年の世界でも君臨しています。

日本で利用者2500万人超えのアップルバンク

アップルバンクは、スマホですべての手続きやサービスが完結する、デジタルバンクです。日本には2024年に上陸。するとそのわずか数カ月後には、従来のネットバンキングの口座数を抜き去り、利用者数はメガバンクと肩を並べるまでの2500万人に拡大しました。

最新のiOS、バージョン18のインストール時に、アップルバンクアプリがデフォルトでセットとなったことで、急激に拡大。国内の iPhone ユーザーのおよそ半数が使う、モンスターアプリとなりました。

アップルバンクでは、いわゆる従来の口座という概念がありません。Apple ID と紐付《ひもづ》くサービスだからです。

従来の銀行とのやり取りの際には口座が必要ですが、その際も特に銀行の窓口に行く必要はありません。すべて、ネットで完結します。

本人確認は、運転免許証などをスマホのカメラで撮影すればＯＫ。旧来の銀行の口座開設のように、何枚も書類を手書きしたり、認め印を設定したりする必要もなし。銀行から郵送物が家に届くようなこともありません。

アップルバンクの一番の特徴は、現金をほぼ使わないことです。アップルバンクに限らず、２０２５年の世界ではデジタル通貨が普及し、これまでの現金に代わり、電子決済が当たり前となっています。

デジタル通貨の先駆者は中国です。２０２１年を皮切りに、急激にデジタル人民元を自国だけでなく、東南アジアの各国の基軸通貨としても展開。このままではパワーバランスが変わると危機感を持ったイギリスが２０２３年に、そして日本でも２０２５年にデジタル通貨が発行されました。デジタルユーロは最短で２０２６年を目指して発行を検討しています。

一方、政府系のデジタル通貨ではなく、フェイスブックが発行したディエム（旧リブラ）に代表される民間のシステムも、デジタル通貨として多くの人が利用するようになっています。

　このように2025年の世界では、お金の概念が大きく変わりました。各人が使いやすい、ふだん多く使っているデジタルプラットフォームが発行しているデジタル通貨を使うのが、トレンドとなっているからです。

　デジタルバンクならびにデジタル通貨の浸透、スマホ完結というトレンドにより、これまでは銀行の窓口に行かないと受けることができなかった、ありとあらゆる銀行サービスがスマホで行えるようになりました。

　各種振り込み、入・送金、ローン、投資、外貨預金など。海外送金も、アップルバンクであれば相手の電話番号さえ知っていれば、ワンタップで瞬時に、無料で送金できます。窓口に足を運び、書類に書き込み、数千円の手数料を支払って海外送金を行う人は、2025年ではほとんどいません。

　しかもアップルバンクでは、アップルバンク経由で「Apple Music（アップルミュージック）」や「Apple Fitness（アップルフィットネス）」といったサービスの支払いをすると、割引される特典があります。このような手軽さや割引システムが受け、若者を中心に、アップルバンクは利用者を増やしていきました。

相反するかたちで、これまでの銀行は次々と顧客を奪われ、衰退していきました。駅前の一等地にあった店舗はスターバックスや「Apple Store（アップルストア）」に変わり、現金を使う必要がありませんから、ＡＴＭも撤去。毎月25日の給料日になるとＡＴＭに行列している光景も、過去のものとなりました。

スマホネイティブではない高齢者などのために、一部の店舗は残っています。ただ場所は利便性を考え、多くの人が集まる郊外のモールや、同じく公共の施設などがある場所に移りました。行員の数も当然、激減。銀行に就職する人数がトップにランクインすることもなくなり、銀行に就職するためにはデータサイエンスやプログラミングの知識が必須と少数精鋭の採用形態に変わりました。

アップルでももちろん、リアルにコミュニケーションをしたい客のことを考え、サービスを用意しています。アップルストアの活用です。口座開設について分からないことがあったり、ローンの相談などをしたいときは、従来からあるアップルストアに行けば、金融サービス担当のスタッフが対応してくれます。

接客はアップルらしく、冒頭に登場したメンバーのような青いＴシャツ姿のスタッフが、ニコニコしながら丁寧に応えてくれます。グローバルなスタッフが多いので、外国人も安心して相談できます。

地銀においては、今から4年前の2021年、金融庁が業を煮やし再編を促すように。金融庁の方針もあり、SBIグループなどネット企業が地銀との提携を広げていきました。そのため2025年の世界では、ネットサービスを独立して提供できるところは数行しかありません。

そのうちの一つは、九州の福岡銀行です。福岡銀行は店舗を最小限しか営業していません。メイン事業は2021年に発表した日本初のデジタルバンク「みんなの銀行」であり、北陸の地銀として石川県の北國銀行などと並びデジタル化で先行しています。

このように2025年の世界では、アップルバンクやみんなの銀行といったあらゆる金融サービスがスマホで完結する、デジタルバンクがスタンダードになりました。

またアップルだけでなく、アマゾン、グーグル、フェイスブック、「Robinhood（ロビンフッド）」など、メガベンチャーからフィンテックベンチャーまで、さまざまな企業がデジタルバンクやフィンテックサービスを開発し、金融業界に進出しています。

旧態依然のメガバンクからアップルバンクに転職

蓮さんはもともと、新卒でメガバンクに勤めていました。以前からキャリア意向が強かったため、社内の研修制度を活用し、20代でニューヨーク支店に赴任します。ところがニューヨークでグローバルな金融のトレンドを知ると、これからの時代にはデータ界隈《かいわい》のスキルならびに知識や学位が必要だと会社を一度退職し、コロンビア大学に留学。同大学でデータサイエンスを学びます。

蓮さんがアメリカの地で驚いたことが、もう一つありました。自分と同年代、あるいは年下の世代が、テクノロジーを武器に次々と新しいサービスを世に生み出していることです。そしてその多くが、フィンテックサービスであることも驚きと同時に、危機感を覚えました。

特に、コロンビア大学時代に講演で聴いた、ゲーム感覚で無料で投資が行えるスマホアプリを開発したロビンフッドや、個人向けローンの新サービスを開発した「Affirm（アファーム）」創業者の話には衝撃を受けるとともに、大いに刺激を受けます。

そこで蓮さんは再び銀行に戻り、グローバルスタンダードな金融サービスを国内でも展開していこうと、冒頭のアップルバンクのようなスマホ完結型のデジタルバンク構想を発案し、上司に提案します。

しかし上司だけでなく、周りからの反応は蓮さんの情熱に反して、冷ややかなものでした。「今のネットバンクで十分」「俺たちは何百兆円という預金量があるから安泰だ」といった声です。

蓮さんはこのままでは日本の銀行は衰退してしまう。そのような危惧もあったため、何度も上司に提案を続けました。しかし、提案が認められることはありませんでした。

業を煮やした蓮さんは、ロビンフッドのような先進的なサービスを開発しているフィンテックベンチャーへの転職を検討します。そして決意が固まりつつあるタイミングで、ある一通のメールが届きます。

メールは人材系企業からで、蓮さんに興味を持った企業からのオファーでした。転職意向のあった蓮さんですが、旧態依然の日本の銀行には嫌気が差していましたから、「どこの銀行ですか?」と尋ねますが、守秘義務のため答えられない、と。だけど悪い話ではない、と続けます。あえて言えば外資です、との答えが返ってきました。

外資と聞いて、蓮さんは会うことを決めます。そして実際の面談の場面で、驚くことになります。六本木ヒルズでの面談の場にいたのは、アップルならびにゴールドマン・サックスの上層部だったからです。

アップルはゴールドマン・サックスと組み、アップルの金融サービスを世界中で展開していました。「Apple Card（アップルカード）」や「Apple Pay（アップルペイ）」の普及もあり現金の保有高が数十兆円という規模にまで膨れていました。

そのアップルとゴールドマン・サックスの担当者から、アメリカで展開しているアップルバンクの日本での展開を、責任者として手伝ってくれないか、とその席上で言われたのです。iPhone ユーザーが多い日本でいち早くサービスを浸透させることで、その後のグローバル展開の足がかりにしたいという狙いです。

当時の蓮さんのメガバンクでの所属は、経営企画部でした。誰もが将来を担うエースとして一目置かれていましたが、肩書は主任。提案は受け入れられないし、スピード感もない。

一方でアップルからのオファーは、自分がやりたいビジネスであり、肩書もはるかに上でした。

報酬に関しても、2年以内に2500万口座を達成すれば、基本給と合わせて3000万円出すと。これまでの3倍の数字でした。そして冒頭のシーン――蓮さんは見事、期待に応えてみせたのです。

2025年の世界では、ゴールドマン・サックスがアップルと組んだように、多くの銀行や金融会社がテクノロジー企業と協力し、裏方に徹するようにもなっていました。黒子となることで、生き残る道を選んだのです。

決済の大部分は、進化したグーグルマップで完結

蓮さんは仕事の移動時には、アップルが2024年に発売したアップルカーで移動しています。アップルカーはもちろんEV（電気自動車）です。ふだんは自宅で充電するのですが、その日は多くの客先を訪問したこともあり、街なかの充電ステーションに立ち寄ることにしました。

ステーションには誰もいません。でも蓮さんは車から降りるそぶりを見せません。先ほ

ど打ち合わせをした顧客とのやり取りを、スマホで改めて確認しています。そして数分経つと、充電ステーションを後にしました。

運転席のモニターを見ると、充電の表示はFULL、と表示されています。充電はワイヤレスで、支払いはアップルグラスというメガネ型のARデバイスの顔認証システムにより、決済されたからです。口座はもちろんアップルバンクです。

数年前まで浸透していた「○○ペイ」は、アップルグラスなどのARグラスが広まったことで、利用者は増えました。スマートグラスを装着していない場合でも、お店側のカメラによる認証や、スマホ経由のBluetoothによる決済サービスが普及したからです。

そのためあらゆる買い物のシーンでお金はもちろん、スマホすら出す機会もなくなり、決済は空気のような存在となりました。

蓮さんには結衣さん、小学生の健くん、2歳のまりちゃんという家族がいます。

結衣さんはある日、まりちゃんと一緒に都内に車で買い物に、行きつけのセレクトショップに向かいました。個人経営のこぢんまりとした店のため、駐車場はありません。ふだんは車で行くことはないため、「Google Maps（グーグルマップ）」で近くのパーキングを探すことにしました。アップルマップを利用しないのは、グーグルマップの決済システムが便利だから。もちろん、蓮さんには内緒です。

結衣さんは1時間ほど経ってからパーキングに戻ってきました。外は小降りですが雨が降っているため、傘をさしています。まりちゃんはおんぶ紐で抱えていますが、購入した商品が入った紙袋も持っているため、両手はふさがっています。

従来であれば、料金の支払いで苦労するところです。ところが結衣さんは、特に料金を支払うことなく、荷物をトランクに。まりちゃんをチャイルドシートに固定すると、颯爽《さっそう》とパーキングを後にしました。

グーグルマップでどこのパーキングに何時間停車していたかが、データとして保存されており、紐付いた「Google Pay（グーグルペイ）」の決済で自動に行われるからです。結衣さんがすることは、その料金が正しいかどうか確認するだけです。

同サービスが浸透したため、２０２５年では料金を支払う機械設備はパーキングから消えました。画像認識で管理しているため、バーもありません。その結果より多くのスペースが確保できると、パーキング事業者も喜んでいます。

家に帰ろうと思っていた結衣さんですが、ふと、あることを思い出し、車を路肩に止めました。以前打ったコロナワクチンの効能が、そろそろ切れるため、再びコロナワクチンを打つ必要があったからです。

結衣さんは先ほど使ったグーグルマップを再び開くと、検索窓に「コロナワクチン」と入力。マップ上にはどこの病院がどれくらいの量のワクチンを蓄えているのか、これから接種できるかどうかの情報が、瞬時に表示されました。

2025年の世界では、グーグルマップはさらに進化し、精度はミリ単位にまで向上。建物だけでなく、建物内の構造や置かれている物なども、正確に把握することができるようになりました。

そのためグーグルマップは、あらゆる買い物やサービスの入り口として、結衣さんのように大勢の人が利用するように。ネットショップのような使い方もできますし、在庫確認もできる。何か決済を行う際は、紐付いたグーグルペイで、一発です。結衣さんは自宅近くの病院にワクチンがあることを確認し、帰りに接種する予約をして帰路につきました。

自動車保険も生命保険も、保険はすべてアマゾンが制覇

結衣さんが運転していた車は、アマゾンが2020年に買収した自動運転のベンチャー、ズークスが開発した自動運転機能を搭載したEVです。

アマゾンもアップルと同じく、金融サービスに進出。銀行に限らず保険業務にも進出しており、アマゾンのモビリティオーナーには、従来型の保険と同等の保障でありながら安価な、アマゾンの自動車保険を提供しています。

結衣さんも、同保険の加入者です。ちなみにEVのライバル、テスラも同様の保険を出しています。

結衣さん一家は生命保険もアマゾンをチョイスしています。理由は先の自動車保険と同じ。同じ保障で同等の商品よりも安いからです。アマゾンが出しているフィットネスリストバンド「Halo Band（ヘイローバンド）」を装着することで、心拍などの健康状態や運動状況をアマゾンが把握。健康に気遣う人には保険を安く提供します。

以前は知人というだけで入っていた、正直、内容もよく分かっていなかった保険から乗

り換えました。実際、しっかり毎日運動をすると保険料が安くなるし、運動不足解消にもつながると、結衣さんは満足しています。

結衣さんの実家は群馬県で農家を営んでいます。両親は健在で、70歳を超えた今も現役で、毎日畑に出ています。ただ父親が数年前に大腸がんを患ったことなどもあり、そろそろ面倒を見ないといけないのではと、ふとしたときに、考えるようになっていました。

そんな結衣さんの心配を解消してくれたのが、アマゾンが買収した「リング・オールウェイズ・ホーム・カム」というベンチャーの健康・介護保険サービスです。

この保険の魅力は、何かあったときにお金が下りるだけではない点です。両親宅に、超小型の飛行型ドローンを設置。そのドローンが家の中を飛び回り、2人の様子を必要なときに見守っています。その様子を定期的に結衣さんに届けたり、おかしな動きがあったときにはアラートを発します。

実は以前にもカメラの設置を両親に持ちかけたのですが、「のぞかれているようで嫌だ」との理由で却下。でもドローンであれば、必要なときだけであり、何だかペットのようでかわいいと、両親も受け入れてくれました。実際、充電のためにドックに戻る姿が愛らしいと評判です。特に何もなく健康な高齢者であれば、保険料が次第に下がってくる点も魅力でした。

アマゾンが保険業界に進出したことで、従来の保険会社は業績が悪化。特に、代理店経営者はこの先勝機はないと、ビジネスから撤退する人が後をたちません。


結衣さんはある日、冷蔵庫を新調しました。500リットルを超える大型かつ、ガラストップの最新モデルで、価格は30万円。どの冷蔵庫を買おうかとネットサーフィンしていると、「今ならローン金利0円!」とのキャッチに惹《ひ》かれ、思わずクリックし購入しました。

蓮さんの収入からすれば、一括購入することも可能でしたが、利率0円ならと迷わずローンを選択しました。実はこのようなローンサービスが、これまでのクレジットカードローンに代わり、2025年の世界では多くの人に利用されています。

0%はイベント期間であったからですが、ふだんでもレートは平均5%ほど。クレジットカードの分割金利を考えるとはるかに安いです。また結衣さんのように、ECサイトで商品を閲覧していると表示されるマーケティングが当たり、一気に個人向けローンの市場に浸透しました。

アファームというアメリカのフィンテックベンチャーが手がけているサービスで、アマゾンも同様のフィンテックサービスを展開していたことから、2023年にアマゾンがアファームを買収。この買収により、アファームはそれまでラグジュアリーなブランドのECサイトが主戦場でしたが、アマゾンが扱う一般の家電や日用品にまでサービスを拡大。似たようなローン事業を手がけていた企業は、すっかり淘汰されました。

結衣さんはファッション好きが高じ、規模はそれほど大きくありませんが、ネットショップを運営しています。なるべく費用をかけたくないと、友人のウェブデザイナーに頼んでホームページを作ってもらいました。そのホームページの決済で使われているのが、「Pay Pal（ペイパル）」に代わり急成長している「Stripe（ストライプ）」です。

電子決済サービスが普及した当初は、先進的な決済サービスだと言われて急成長したペイパルですが、スマホファーストの波に乗り遅れ、2025年の世界ではストライプに市場を奪われています。

しかし世界的に見ると、中国のアリババグループで同じような決済サービスを手がける「Ant（アント）」がトップシェアです。そのため中国人向け商品のネットショップを運営する結衣さんの友人は、ストライプではなくアントを決済に利用。同じく、インバウンドサービスを提供している企業の多くも、ペイパルやストライプではなく、アントを利用しています。

アマゾンは個人向けローンだけでなく、事業者向けローン、いわゆる融資事業にも進出しています。データを基に、これまでよりも安い金利で、かつ正確な貸出額などを算出するフィンテック「Kabbage（キャベッジ）」を買収したアメリカン・エキスプレスを買収。以前はアマゾンに出店する事業者のみに提供していた事業ローンをすべてのユーザーに開放するなど、アップルと同様に金融業界に進出しています。

小学生も、フェイスブックのデジタル資産「ディエム」で決済

今日は日曜日です。蓮さん、結衣さん、健くん、まりちゃん、家族4人、リビングでゆっくりと過ごしています。結衣さんはスマホで、経営するネットショップの売り上げを確認したり、洋服を仕入れた業者にアップルバンクで送金したり、休日ですが、仕事をして

いるようです。

蓮さんはどっぷりとソファに腰掛け、テレビを見ています。蓮さんはサッカーが大好きなので、Ｊリーグの試合中継を見ています。お気に入りのチームは、横浜ＦＣ。しばらくして選手がアップで映し出されると、ユニフォームには「Amazon」の文字が大きくプリントされています。

以前、横浜ＦＣのスポンサーは地元の地銀でしたが、地銀がグループ会社化されたため、スポンサードで困っていたところに、データセンターを横浜に持つアマゾンが名乗りを上げました。同じように、これまで地銀の多くがスポンサードしていたプロスポーツチームのロゴには、アマゾンの他、マネーフォワードなどフィンテックベンチャーの多くが名を連ねるようになりました。

ハーフタイムになり、ニュースが流れています。兜町に新たな大型商業施設がオープンするようです。金融、証券の中心地であった兜町は、銀行や証券会社の衰退ならびに、システム障害が続いた東京証券取引所の移転などもあり、２０２５年の世界では様変わりしています。

株式の売買はほぼすべてネットに移行したからです。仮想通貨の取引サービスを手がけるベンチャー、「Coinbase（コインベース）」が株式や証券なども扱うようになったことも、大きな要因の一つでした。実際、蓮さんは投資も行っていますが、利用するのはゲーム感覚で行えるロビンフッドかコインベースです。

健くんはゲームに夢中のようです。最近のお気に入りは仮想空間ゲームの「ロブロックス」ではなく世界最大級のオンラインバトルゲーム「フォートナイト」。映像が3Dで見えるVRゴーグルを装着し、結衣さんや蓮さんには見えないバーチャル上の敵と、激しく体を動かしながら戦っているようです。

しばらくすると「ママ、新しいコスチューム買っていい？」と聞いてきます。コスチュームとは、フォートナイト内のアバターが身に着ける衣装のことです。結衣さんが「いいよ」というと、健くんは「よっしゃ！」と喜び、すぐさま購入。新しいコスチュームで、再びバトルを開始しました。

コスチュームの購入では、フェイスブックが開発したデジタル資産、ディエムが使われました。健くんが装着しているVRゴーグルも、フェイスブックが開発したオキュラスという製品で、ディエムでの決済とリンクしています。

以前のように、銀行口座やクレジットカードを登録する必要も、手間もなくなりました。フェイスブックのアカウントと紐付ければ、Apple IDと同じように、あとは自動で、まるで空気のように、決済されるからです。

このディエム、結衣さんもインスタグラムで気になった洋服の購入などでも使っていて、デジタル通貨と同様、2025年の世界では多くの人が利用しています。

当初は技術の選定や、実際の通貨や○○ペイからの変換率が高いとの理由でそれほど普及しませんでしたが、フェイスブックがユーザーを囲い込む目的で、全世界のユーザーに5ドルの無料クーポンを提供したことで利用者が一気に拡大。その結果、フェイスブックのユーザーも増大し、2025年の世界では40億人を超えるまでになっています。

「米ニューヨークの銀行出身×ハーバード大学院理学修士×元・グーグルのフィンテックDX×ベンチャー投資家」による銀行の未来予測

私がイメージする、2025年の銀行や保険、証券会社といった金融業界の未来の姿はいかがだったでしょうか。仮定によるところがあり、実際には2025年よりももう少し先の事象もあるとは思いますが、いずれにせよ、これから先の未来に起こり得る内容であることは間違いありません。

銀行の未来を知るには、本書で取り上げている世界最先端テクノロジー企業11社の動向やサービスなどをキャッチアップし、分析することが重要です。この11社がこれからの銀行業界に多大なる影響力を持っているからです。

次ページの図表を見てください。本書は2部構成になっています。第1部では、既存の金融サービスを破壊するハイテク企業11社の思惑や動向を紹介。さらに、11社の動向からインサイト（洞察）する3つのメガトレンドについて言及。この3つのメガトレンドについては、それぞれ章を設け（第2・3・4章）、深掘りします。

一方、第2部では、第1部のような未来が実現した世界で、銀行ならびに銀行員は、どのような心構えや準備をしておけば淘汰されずに生き残れるのか。言うなれば、私から銀行ならびに行員の皆さんに送る対策案です。

本書を読み進めれば、私がイメージした2025年の未来が、リアルにイメージできると思います。

同時に、現在と変わった未来でも、銀行ならびに金融サービスで働く人たちが、生き残

本書コンセプト

第1部　2025年の銀行業界はどうなっているか？

第1章　銀行を破壊する11社の思惑と3つのメガトレンド

Google / Amazon / Facebook / Apple

ペイパル / ストライプ / アント

アファーム / コインベース / キャベッジ / ロビンフッド

▼

- 11社が銀行業界に起こすメガトレンド①
すべての銀行手数料が0になる　→　第2章
- 11社が銀行業界に起こすメガトレンド②
預金量よりもデータを持つ銀行が未来を制す　→　第3章
- 11社が銀行業界に起こすメガトレンド③
24時間365日開いている銀行が標準に　→　第4章

▼

第2部　2025年、銀行が生き抜く処方箋

- 2025年に淘汰される銀行、生き残る銀行　→　第1章
- 2025年に淘汰される銀行員、生き残る銀行員　→　第2章

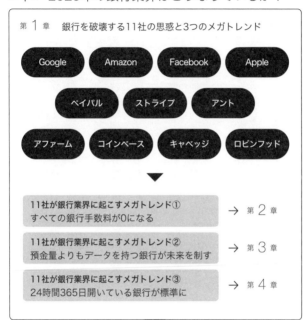

る術が身に付けられることでしょう。

私の社会人のキャリアスタートは、金融です。金融の本場であるニューヨークで経験を積みたい、その必要があると考えていましたから、三菱ＵＦＪ銀行のニューヨーク支店勤務という条件で、同社に入社しました。

日系企業を選んだのは特に理由はありません。外資の金融会社からもいくつか内定を頂きましたが、勤務地が日本であり自分には合わないと思いました。

三菱ＵＦＪ銀行では3年ほど勤務。マーケットニュースや各指標の動向を読み、その情報を基に金利はどのくらい変動するのかを予測し、取引を行う。住宅ローン担保証券の取引では各地域の住人の行動特性などを考慮した定量分析モデルを考慮するなど、日々、実務に没頭しました。

金融の実務経験を重ねていくのと並行して、日本がいかに世界でのマーケットのシェアが小さくなっているか、中国の成長が台頭しているか。日本企業という肩書だけでは、世界ではまず通用しないことを痛感し、三菱ＵＦＪ銀行を退職し、ハーバード大学大学院に入学します。

ハーバードで学んだ後は、テクノロジーのキャリアをより高めようと、グーグルに入社しました。グーグルでは先の銀行とは一転、現場業務ではなくコンサルティング・エバンジェリストのような業務を担当しました。

テクノロジーの導入が遅れている企業のトップなどに、まさに本書で紹介していく現在のトレンドならびに、トレンドを生み出すテクノロジーや企業、現在のようなDXが一般化する未来が来るということを伝えるとともに、企業のビジネスがどう変わるかといった内容です。

ただ残念なことに、日本企業の多くの幹部は新しい技術や、自分が想像しづらいことは、必要ない、との考えの方や、分かったふりをすることが大半でした。現在の業務だけで十分大変でもあり、これからのトレンドがいかに既存業務を破壊するのかに対して、危機感を持つ方が希薄であることもありました。

その中でも先見の明がある経営者が舵《かじ》を取る企業もありました。たとえばあるメガバンクでは、それまで人がチェックしていたクレジットカードの不正検知を、グーグルのＡＩを導入すれば簡便にできること、すでに導入事例があることを紹介し、導入したケースなどです。

グーグル時代には、海外で勝負したい日本のベンチャーの支援活動なども、ボランティアで行っていました。

実家がベンチャーであったこと、学生時代に友人がベンチャーを立ち上げていたこと。このような経験から、これまでにない画期的な技術やサービスを生み出し、社会に貢献することの意義を身近に感じていました。それも、どこかの企業に属するのではなく、独立独歩で。このような起業家のパッションに、共感していたからです。

次第に、私自身もベンチャーを応援する立場でありたい。そのような感情が芽生えてきた折に、タイミングよく、お誘いがあり、今に至ります。

日本の大企業とシリコンバレーのベンチャーを結ぶ、いわゆるオープンイノベーションや協業支援なども行っており、本書で登場するような、テクノロジーベンチャーへの投資もあります。

ジャーナリスト、アナリストの未来予測はなかなか当たらない

2020年の11月に出版した拙書『2025年を制覇する破壊的企業』。本を出す前はVCである自分の知見やインサイトが、果たして皆さんのお役に立てるのか。これは出版業界では一般的なことのようですが、読者を煽《あお》るようなタイトルや内容であったこともあり、正直、当初はあまり乗り気ではありませんでした。

しかし、編集者さんからの熱心なアプローチもあり執筆した結果、自分でも思っていなかった反響に驚くとともに、本を書いてよかったと思いました。レビューは数百件というボリュームで、本の末尾に記載した私へのコンタクトフォームにリンクするQRコードからも、同じく数百人にも及ぶ読者からの、ダイレクトな感想が届きました。

感想をくださった方の中には、銀行、生命保険会社、損害保険会社など、金融機関で働く人からのメッセージが少なくありませんでした。「5年後、こんな未来が訪れるなんて知らなかった。大変参考になった」と。現場で実務を担っている人からのメッセージが大半であったことも、私の興味を惹きました。

しかし前回の本で幅広い業界を扱ったために、銀行の未来という点では表面の内容だけにとどまりました。私は銀行がこれから迎える激動の未来を銀行に伝える活動もしていますが、その多くは経営層ですから、そうではない、現場の人にも届ける必要があるのではないか。

もう一つ、銀行の未来予測については多くの本が出ているようですが、それら多くの本を拝読すると、前回の本の執筆の理由の一つと同じく、決定的に欠けている点が散見された点も気になっていました。

いわゆるジャーナリストやアナリストが書く未来予測書では、その時点での決算等の情報に基づいた推測をしている場合が大半であることです。業務がそもそも株価の妥当性を見ることが主目的なので、私とは視点が違うのです。

現時点での企業のアセットならびに売り上げを重視した予測であり、これは日本全体の風潮でもありますが、本来、見なければいけない指標である、技術の変化という地殻変動に重きを置いていません。

これからのトレンドを知るには、現時点では大企業ほどの価値や体力はないかもしれませんが、世の中にない新しいビジネスを生み出す、ベンチャーの動向を知ることがポイントだからです。

ですから本書では、GAFAのようなメガベンチャーも含まれていますが、ベンチャー気質を持つ企業11社の動向から、未来を予測しているのです。

ただ正確には11社に限りません。現に、今この本を書いている瞬間にも、5年後に大ブレイクしているビジネスを発案しているベンチャーもあるからです。つまりゼロベースで、新しいサービスやビジネスを生み出すベンチャー全般の動きを見ることが重要であり、より包括的な未来予測につながると私は思っています。

中にはまったく成長しないベンチャーもあります。ただこの11社はすでに大きく成長し、世の中にインパクトを残している。そのような理由から選びました。

多くの専門家は、自分のドメインでは強いです。しかし、他の領域に関してはそこまで精通していない方が大半です。そのため未来のトレンドに言及している場合もありますが、その粒度というか、解像度が粗いように私には思えます。

正確に言えば、過去の延長線上に寄り過ぎている。そして、より包括的な未来予測ができるのは、経営者か私のようなベンチャー投資家など、ごく一部の人に限られているとも思っています。

なぜ、私や企業のトップはできるのか。評論家と異なり、口だけではなくリスクを取っているのがまず一つですが加えて多くの人脈があり、その人脈同士をつなぐ、ストラクチャルホールタイプが多いからです。ストラクチャルホールとは、各業界の核となる人物をつなぐ、ハブとなり得る人材のことです。

実際に現場を知っていることも、アカデミックなアナリストなどとの大きな違いになります。これは私の最初のキャリア、銀行での3年間の経験がまさにそうでした。座学で学ぶ3年間の知識よりも、現場での3年間の方が、質もボリュームも圧倒的であったからです。

外資系企業でバリバリ働く優秀なコンサルタントの中にも、私のようなキャリアやスキルを持つ人材もいます。ですが、その多くは外国人もしくは、幼い頃からグローバルな環境で育った人が多い。そのため表向きでは日本企業の現状を把握していますが、私のように日本で生まれ育ったような、生粋の日本人だからこそできる、インサイトはできないとも感じています。

このような理由から、私が予測する未来の姿は、おそらく一般的な方々が予測する内容とは、大きく異なっていることでしょう。しかし、海外での変化を考慮するとこれが事実になるのは近未来です。この洞察を一人でも多くのバンカーならびに、これから金融業界で働こうと思っている若い方などに知ってもらい、対策や成長の参考にしていただければ幸いです。

はじめに

銀行の未来はこの11社が決定づける――004

第1部 2025年の銀行業界はどうなっているか？

第1章 銀行を破壊する11社の思惑と3つのメガトレンド

第2章

すべての銀行手数料が0になる

11社が銀行業界に起こすメガトレンド①

第3章

11社が銀行業界に起こすメガトレンド②

預金量よりもデータを持つ銀行が未来を制す

第4章

11社が銀行業界に起こすメガトレンド③
24時間365日開いている銀行が標準に

第2部 2025年、銀行が生き抜く処方箋

第1章 2025年に淘汰される銀行、生き残る銀行

第1部

2025年の銀行業界はどうなっているか？

第1章

銀行を破壊する11社の思惑と3つのメガトレンド

アップルバンクが「銀行」を再定義する

創業年／創業者：1976年／スティーブ・ジョブズ
売上高／時価総額：約2745億ドル（約28兆円）／約2兆3396億ドル（約240兆円）
キーワード：アップルカード、アップルバンク

●アップルバンク（金融サービス）を設立しiPhoneへの囲い込みを強化する

「アップルが金融を再定義する」

アップルのイベントで颯爽とこのようにプレゼンテーションし、アップルバンクの設立を高らかに宣言する。アップルの金融業界における動向を、私はこのように予測しています。

アップルは創業当時より、「〇〇を再定義する」とのフレーズを好んで使ってきました。「携帯電話を再定義する」と宣言しiPhoneを世に送り出したのは有名ですし、前回の本

でも触れたアップルホテルや、おそらくこの先進出するであろう自動車業界においても、「アップルがホテル業界を再定義する」「アップルがモビリティを再定義する」。このようなセンセーショナルで強烈なメッセージとサービスを、世に送り出していくに違いないからです。

アップルが再定義する銀行とは、おそらく次のような世界観だと私は予測しています。

「銀行が整備される以前、人々は自宅に大きな金庫を構えて現金を保管していた。しかし、セキュリティの観点やそのまま保管しておいても何も生み出さないため、銀行に預けることで、よりセキュリティを高めたり、運用によりリターンを得るようになった。銀行はさらに進化し、証券会社とつなぎ株式などの投資商品も扱うようになった。しかしここから先の世界では、銀行だけの専売特許ではなくなる。それは、iPhone ならびにアップルのサービス（ソフトウエア）が、銀行業務のすべてを可能にするからだ」

たとえば、次のようなサービスでしょう。24時間いつでもどこでも、iPhone からこれまでの銀行サービスはすべて利用できるようになる。資産の運用もＡＩなどの活用で、これまでよりも確実に、そして高い利率で行えるようになる。運用や出し入れなどの履歴データも、すべてアップルバンクが管理しているため、いつでもiPhoneで簡単に閲覧することができる。

まだあります。これはすでにアメリカで始まっているサービスですが、友達への送金はiPhoneを操作するだけで、簡単に終了。セキュリティにおいても、Face IDを活用することで、より強固で確実に、といった具合です。

アップルは2019年の3月にアップルカードを発表し、金融業界に参入しました。日本ではいまだにサービスがスタートしていませんが、アップルカードはマスターカードと連携しているため、一般的なクレジットカードとして利用できるのはもちろん、アップルカードならではの便利機能が多いため、iPhoneユーザーであれば加入しない理由はありません。実際、私もアメリカに住む知人や友人の多くも加入しています。

アップルカードのサービスやメリットについては前書（『2025年を制覇する破壊的企業』）でも触れている内容ですので、概要だけ説明します。たとえば、アップルと連携している企業のサービスを同カードで支払うことで、値引きが適用されます。そのキャッシュバックが、これも日本ではまだサービスが始まっていない「Apple Cash（アップルキャッシュ）」として、アップルペイ内にデジタル通貨として溜《た》まっていきます。必要に応じて銀行に振り込むことも可能です。気になるのは、アップルキャッシュのうちどの程度が銀行に振り込まれるかです。消費者が現金よりもiPhoneでの決済の方が便利だと選択した場合、アップルのエコシステムで還流する資金量が飛躍的に伸びるからです。

アップル製品などを購入する際にはもちろん使えますが、先に書いたようにアップルカードの利用者はiPhoneユーザーと同じく膨大な数ですから、当然、アップルキャッシュも相当な額がプールされており、日本の地銀の保有資産よりも多くなる可能性があると私はみています。

この膨大なキャッシュを、iPhoneユーザーの利便性と絡めたサービスとして運用・提供するために、アップルバンク（金融サービス）を設立するだろうとみるのは自然な流れです。具体的には、現在の銀行が行っている、各種公共料金などの支払い、株式の売買も含めた資産運用、各種保険サービス、海外送金、などです。

アップルバンク設立においては、アップルカードの際にゴールドマン・サックスと組んだように、既存の銀行と組むのか、あるいは自前で設立するのか。テクノロジー的には自前で開発し、免許を取得することは何の問題もありませんから、そのあたりの動向についても注目しています。

ただ現状としてはATMがすぐになくなることはないでしょうから、ユーザーの利便性を考え、ATMを持つ既存銀行のどこかと組む可能性が高いと私は考えています。アップルとしては本意ではないでしょうが、特に日本などは特段、いまだに現金を好む人が多いですから、そのような一部のユーザー向けに、アップルキャッシュを現金化できるための場として、ATMを借りるような提携です。

そもそもアップルが金融業界に進出したのは、金融業界を破壊しようとか、金融業界が儲《もう》かるといった理由ではありません。iPhoneへの囲い込みであり、これから先の未来の社会では、すべての業務やサービスがiPhoneやアップルの製品群内で完結するように設計されていくと予測しているからです。つまり、iPhoneなどのアップル製品至上主義にのっとった戦略と言えます。

アマゾン

保険、ローン、手数料。すべてが破壊的に安く、速い「銀行」をつくる

創業年／創業者：1994年／ジェフ・ベゾス
売上高／時価総額：約2805億ドル（約30兆円）／約1兆6518億ドル（約165兆円）
キーワード：アマゾン保険、アマゾンローン、アマゾンバンク

●すでに保険やローン事業に着手

まずは、前回の本でも触れた内容について改めて紹介します。現在、アマゾンが手がけている金融事業は、保険やローンです。具体的には、アマゾンストアに出店している事業者に対しての事業ローンです。同サービスを一般の与信判断にも展開していくことで、銀行のローン事業は大きな打撃を受けると私は予測しています。

保険事業においては、JPモルガン・チェース、バークシャー・ハサウェイ、自社3社の従業員に対し、すでに自前の保険サービスを提供しており、合弁は解消されましたが今後はこちらも同じく一般のユーザーに提供していくことでしょう。

保険サービスで特に注目しているのが、医療保険です。これまでの保険料金というのは、収入などにより差はありましたが、同じ属性のカテゴリでは一律でした。それをアマゾンは、各人の属性に深く踏み込むことで、より詳細に区分しようとしていると思われるからです。

たとえば、日頃から体を動かす人は病気に罹患《りかん》する確率が低いですから、保険料金を安くする、といった具合です。このようなデータをアマゾンでの購買履歴や、「Apple Watch（アップルウォッチ）」や「Fitbit（フィットビット）」のようなスマートデバイスを発売し、得ていくであろうと予測しています。米国では既にリストバンドの「Amazon Halo」が発売されています。

データ活用においては、家電製品などの保険も健康保険と同じように、より精緻に設計できますから、いわゆる家電量販店が提供している保険よりも、安価でありながら充実した保障が備わった保険を提供していくでしょう。

その結果、メーカーや家電量販店が提供する保険はもちろん、生保、損保といった保険会社もアマゾンに淘汰されていくと私は予測しています。ここまでが、前回の本で紹介した内容です。本書ではさらに先、アマゾンが考えていると思われる、金融サービスについて触れていきます。

先のアップルと同じく、アマゾンバンクを設立すると私はみています。理由もアップルと同じです。まず、保険やローンサービスに使うアカウントをアマゾンで完結することによって「人生のパートナー」にアマゾンは進化するからです。これまではアマゾンのクレジットカードの先には銀行の口座がありましたが、そこも自社で担うと。

銀行をつくれば、これまで保有していたアマゾンでの購買データに加え、資産データも得ることができます。アマゾンはこの資産データと購買データを紐付けることで、より精緻でピンポイントな、レコメンデーションのアルゴリズムを作り上げるのではないか、と予測しています。

具体的には、富裕層向けにラグジュアリーな商品をレコメンデーションしたり、一定金額以上の資産を保有する人しか買わないような高級品を、対象となるユーザーにピンポイントでレコメンデーションしていく、といったサービスの展開です。

ラグジュアリーなブランドに限らず、それぞれの保有資産のレベルでの購入特性もあるでしょうから、一般的な商品においてもより精緻に、レコメンデーションできるようにもなるでしょう。

アップルバンクはiPhoneへの囲い込みが目的でしたが、アマゾンが銀行を設立するのはアマゾンの理念、「顧客ファースト」の観点からです。レコメンデーションの質向上はもちろん、銀行を介さずすべてアマゾン内でお金のやり取りが完結すれば、ユーザーにとって便利であることは間違いないからです。

本書のテーマとは直接関係ありませんが、スマートフォンですべての銀行業務が完結する未来をアマゾンも予測しているはずですから、アマゾンは再びスマホや、その次に普及する機器の開発に挑んでくるのではないかとも考えています。

これまでスマートフォンを作ったことがあることに加え、「Amazon Echo（アマゾンエコー）」など、さまざまなデバイスを積極的に開発する企業姿勢も、理由の一つです。具体的なイメージは現時点では私も浮かびませんが、いわゆるスマートフォンのようなデザインやスタイルから進化し、さらに使いやすくなる気がしています。

つまり、スマートフォンに替わる、新たなインフラとなり得るデバイスを世に送り出し、さらなるゲームチェンジャーになる。このような未来も、アマゾンは考えているように思えます。

フェイスブック

「国際送金」に革命を起こし、お金にも〝つながり〟をつくる

創業年／創業者：2004年／マーク・ザッカーバーグ
売上高／時価総額：約707億ドル（約7兆円）／6598億8948万ドル（約65兆円）
キーワード：国際送金、仮想通貨

●「Messenger（メッセンジャー）」を使えば無料で瞬時に国際送金できる

「人同士のコネクションにフォーカスする」

フェイスブックの理念です。つまりフェイスブックは個人と個人のつながりを強化したいとの考えが根本にあり、その強化の一環として、個人間のお金のやり取りというセンシティブな問題についても、しっかりと取り組んでいこう。このような考えから、金融サービスに取り組んでいくのが自然だと私はみています。

具体的には送金サービスです。これまでの送金サービス、特に国際送金では手数料も高

額で、日数もかかるなど、使い勝手のよいシステムとは言えませんでした。それもそのはずです、現在一般的に使われている国際送金システム「ＳＷＩＦＴ（スイフト）」は、１９７０年代に作られた、いわゆるレガシーシステムだからです。

ＳＷＩＦＴは国際銀行間通信協会（Society for Worldwide Interbank Financial Telecommunication）の略称であり、システムのイメージとしては、世界中の銀行をつないで何とか個人間の送金を実現しよう、というものです。

介在する銀行がどうしても多くなるため、手数料ならびに時間がかかっていたのです。国際送金の経験がある人であればお分かりかと思いますが、手続きをしてから相手の口座にお金が入金されるまでは、休日などを挟むと1週間ほどかかることも少なくありません。手数料も数千円という金額が一般的でした。

一方、フェイスブックメッセンジャーを活用した国際送金サービスであれば、手数料はほぼ０円。しかも、世界各地の相手に対し、スマートフォンを操作するだけで瞬時にお金を送ることができます。

日本人をはじめとする先進国では、当たり前のように銀行サービスを利用しています。そしてほとんどの人が、銀行口座を持っています。しかし世界を見渡せば、銀行口座はもちろん、われわれが当たり前に享受している銀行サービスを受けていない人たちが大勢います。

インドネシアに出稼ぎに来ていたインド人がいたとしましょう。母国の家族に稼いだお金を送金したい。でもそのインド人ならびに家族は、銀行口座を持っていない。仮に、銀行口座が開設できたとしても、懸命に稼いだ1万円を送金するのに、手数料が5000円も取られてしまっては、本末転倒です。しかし、これが現在の状況なのです。

銀行口座を持たない人でも、スマートフォンは持っている場合が大半です。そして、スマホユーザーの多くがフェイスブックを使っている。フェイスブックの利用者は世界人口のおよそ半分、34億人もいるのですから。

フェイスブックだけではありません。彼らは理念達成のために、2014年に創業来最も高額の約2兆円という金額で、ヨーロッパ最大のメッセージアプリ「WhatsApp（ワッツアップ）」を買収するなど、個人間のつながりを日々強化しています。

つまりフェイスブックは、すでに大きなインフラと言えるのです。

この使い慣れたインフラで手軽に安価に送金ができる。これが、フェイスブックにおける金融サービスの強みであり、特長です。あまり知られていませんが、フェイスブックメッセンジャーのようなアプリを、実はアップルも手がけています。ただやはりそこはデバイスを超えて世界中一番多く使われているＳＮＳである点が、フェイスブックの強みと言えます。

国際送金で時間がかかっていたのは、セキュリティやマネーロンダリングの防止を徹底するとの理由もありました。ただし時間がかかる理由は先と同じく、はるか昔に構築されたレガシーシステムを使用しているからに他なりません。処理スピードが遅いからです。

このスピード感においては、メッセンジャーのプラットフォームを活用すれば、ほぼリアルタイムで問題なく送金できます。ただ同時に、セキュリティやマネーロンダリングといった不正行為に対して、フェイスブックはＳＮＳ業界の雄として、しっかりと技術を確立する必要があるでしょう。

●ソーシャルコマースを強化しＥＣへの流出を食い止める

フェイスブックが金融事業を手がける理由は、他にもあるとみています。他のライバル企業が手がけているからです。アマゾンやアップルなどのテクノロジー企業が次々と金融事業に参入していますから、自分たちもやる必要があるだろうと。

ただし、このような戦略においても、フェイスブックはあくまでユーザーのことを考えているとみています。先のメッセンジャーでの送金と同じく、フェイスブック内ですべてのお金の管理ができれば、ユーザーにとって便利だからです。

そういった意味で同様にフェイスブック内で完結するサービスとして注目しているのが、ソーシャルコマースです。現在のフェイスブックの主な収益は広告ですが、その先、インスタグラムの広告や写真に掲載されている商品を、いったんリンクで外部サイトに誘導されるのではなく、その場で買えるようにする仕組みです。

これまでのソーシャルコマースでは、商品をフェイスブックやインスタグラムで見て、別のＥＣの会社で買っていました。これでは広告手数料は入りますが、小売りとしての利益は別の会社に入ってしまいます。それを一気通貫にしたのです。

●ディエムは他の仮想通貨とは異なる

本書を執筆している時点では正確に予測できませんが、フェイスブックが発行するデジタル通貨「ディエム」についても言及します。

まず、名称変更についてですが、率直に言えば、議会での批判などあまりにリブラ（旧名称）の印象が悪かったため、イメージを刷新したいとの想いが一番だと私はみています。

というのも、リブラは各国の通貨をバランスよく裏付けた価格変動を抑え、新しい通貨を作ろうという動きが政府も含め多くの人たちを刺激してしまったからです。

しかし、ディエムで行いたいことは、先ほど説明したとおりです。個人間の送金も含めた、すべてのユーザーに利便性の高い金融サービスを提供したい、との想いだと私はみています。

そのためディエムでは、リアルなお金に近い変動を実現する「ステーブルコイン」である可能性が高いですが、ただしこの点については曖昧な部分が多く、仕様の詳細も発表されていないので、私も今後注視していきたいと考えています。

押さえておくべき重要なポイントが、もう一つあります。正確には仮想通貨も含めたデジタル通貨について、これまで猛反発していた政府、中央銀行をはじめとした従来の金融業界が、やるべき意味を認めざるを得ない、との認識に変わったことです。デジタル通貨ならびに仮想通貨については、後ほど改めて解説します。

グーグル

グーグルペイですべての金融サービスを意識なく完結させる

創業年／創業者：1998年／ラリー・ペイジ、セルゲイ・ブリン
売上高／時価総額：約1619億ドル（約17兆円）／約6270億ドル（約63兆円）
キーワード：グーグルペイ、グーグルマップ

グーグルは2020年11月、シティバンクならびにいくつかのアメリカの地銀との連携を発表し、銀行が現在行っている、口座開設、入出金、運用などのすべての金融サービスをスマートフォンのアプリ内、正確にはグーグルペイで完結すると発表しました。

この発表に、グーグルが目指すこれからの金融サービスの在り方のヒントがあると、私

は考えています。

ＡＴＭはもちろん、人が介在する既存銀行の窓口業務、つまり金融サービスにおける人も含めた物理的な接触を、すべて排除するような未来です。言い方を変えると、利用者は特に意識することなく、まるで空気のように、何かアクションを起こすことなく、自動で決済などの手続きが済んでいる世界観です。

提携発表と同時期に発表した、グーグルマップを活用した駐車場の決済サービスを見ても、「金融サービスを空気のようなものにする」意図が垣間見えます。

グーグルマップとグーグルペイを紐付けることで、クレジットカードや現金はもちろん、これまで駐車場にあった精算機も利用することなく、スマートフォンを持っているだけで、自動で決済するサービスです。

現時点での駐車料金はもちろん、何分後に料金が加算されるのかといった情報が、駐車場にいることなく、離れた場所にいる利用者のスマートフォンに表示されます。特筆すべきは、特に専用のアプリを経由することなく、グーグルマップ上で決済まで行えることです。テキサス州オースティンの一部の駐車場からサービスが開始されています。

すべての決済をマップ上で行うという取り組みはグーグルならではであり、かなりの強みと言えるでしょう。グーグルマップを使った金融サービスについては、改めて第3章で詳しく解説します。

後追いであり、先進的なことはやっていないが……

グーグルペイが発表された当初、今回提携したシティ銀行に限らずあらゆる金融機関が、GAFAをはじめとするテクノロジーカンパニーの金融事業への進出について、拒否感を抱いていました。本書のテーマである、自分たちの仕事が奪われるのではないか、そのような恐怖感や危機感があったからです。

ところが時間の経過とともに、金融会社の思考ならびに動向に変化が見られます。DXなど、世の中がものすごいスピードでデジタル化していく状況を鑑み、自分たちもアクションを起こさなければ、テクノロジーカンパニーはもちろん、デジタル技術を取り入れていく同業者に負けてしまうとの思いです。

実際、JPモルガン・チェース、バンク・オブ・アメリカ、ウェルズ・ファーゴといった大手銀行は資本力を生かし、テクノロジーカンパニーとの協業も含め自社でDX化を進め、これから必要とされるであろう金融サービス、端的に言えばスマホアプリの開発をいち早く進めていきました。

ゴールドマン・サックスなどの金融会社もアップルと提携するなど、テクノロジーならびにテックカンパニーと銀行、金融サービスの結びつきは、急速に広がっていきました。

このような風潮の結果、自社にとって必要な企業はどこなのか。どのようなテクノロジーを導入すれば、ライバルに負けないのか。テクノロジーカンパニー、金融会社両方の思惑がかなり混沌《こんとん》としていきました。

シティバンクは、このような流れに後れを取ったと私はみています。言い方を変えると、金融側が独立で手を打つよりもテクノロジー企業と組まざるを得ない状況に追い込まれていた。金融業界を取り巻くパワーバランスの観点から、合理的に実現した提携だと思えるからです。ゲーム理論でも分析できる動きです。

ＧＡＦＡの金融事業におけるパワーバランスを、改めて紹介します。今回の提携の背景が、より鮮明に見えてくるからです。消費者向け、法人向けの違いはありますが、大まかにはアップルとアマゾンが先行、グーグルやフェイスブックは、後追いとの構図です。

アップルやアマゾンを先に紹介したのも、このようなパワーバランスを反映してのことです。グーグルもフェイスブックと同様、ライバル企業が金融業界に進出したから、自分たちも手がける。そのようなスタンスだと私はみています。

グーグルにおいては特に、iOS、iPhone に対して後れを取ってしまってはモバイルOSとしては打撃が大きいので、iPhone が発表したサービスは競争についていくためにグーグル（アンドロイド）も提供する。そのような姿勢が昔からあります。

実際、アップルペイの発表が２０１４年に対し、グーグルペイは２０１５年です。このようなスタンスだからなのか、グーグルの金融サービスは最近のグーグルマップを活用した決済サービスや銀行との提携を除いて、アップルにない新しい金融サービスに積極的には見えません。理由の一つは、金融は規制産業であるため、現在アメリカ議会からプライバシーの問題について追及を受けている状態ではなかなか思い切ったことができないということもあるでしょう。少し余談になりますが、この点においては別の巨大テック企業マイクロソフトは過去とは違い現在は議会からの追及を受けていないため比較的動きやすいかもしれません。

グーグルとしては、アップルカードのようなサービスも提供したいと思っているはずです。しかしアップルとグーグルでは大きく異なる点があります。アップルの洗練されたハードウエア、特に、デザインやブランディングは有利です。

精緻な箇所まで作り込む、グーグルのソフトウエアの技術力の高さは素晴らしいです。一方で、ハードウエアにおいてはアップルと比較して強いところが多くはありません。

特にラグジュアリーなブランド感を出すようなことは、とても苦手です。そういったこともあり、パワーバランス的にはアップルを追っている、という位置づけになっています。

このようにアメリカでは、テクノロジーカンパニーと金融会社それぞれが、同業他社の動向も見ながら、自分たちはどこと手を組むべきか、そのような探り合いという凌《しの》ぎ合いが、現在も続いています。2021年5月には米大手病院チェーンと提携するなどヘルスケア・保険に積極的です。

ペイパル

デジタルバンクをつくり、ネット決済を牛耳る

創業年／創業者：1998年／イーロン・マスク、ピーター・ティール
売上高／時価総額：約177億ドル（約2兆円）／9526億633万ドル（約28兆円）
キーワード：電子決済（ネット）

●電子決済サービスで圧倒的シェアを誇る

電子決済を手がけているベンチャーです。

日本ではクレジットカードも含めた電子決済分野でペイパルはそれほど知名度を獲得していませんが、創業の地アメリカでは、電子決済といえばペイパルといわれるほどの知名度ならびに、シェアを誇ります。

創業者の一人は、スペースXやテスラを経営する実業家、イーロン・マスク氏です。ただし、彼の個人的なミッションの代名詞とも言える宇宙事業などとは異なり、ペイパルでの電子決済事業は、これから世の中に必要なサービスと見越して設立されました。具体的には、インターネットの普及によりEC事業が拡大した、それに伴い電子決済事業も伸びるはずだ。このような思惑から設立された企業です。

そして彼の予想どおり、EC決済のプラットフォームとして、ペイパルは拡大していきます。アマゾンなどの巨大ECサイトは、独自の決済プラットフォームを持っています。

しかし、個人事業主も含め、規模がそれほど大きくない企業が決済プラットフォームを自社で構築することはハードルが高いですから、そのような中小企業をターゲットに、シェアを広げていきました。

プラットフォーム事業ですから、一度システムを構築すれば、あとは利用者を増やすだけのいわゆる座布団ビジネスです。そのため顧客数ならびに売り上げを着実に伸ばし続けていて、現在では電子決済プラットフォームとして、グローバルで使われています。

昨今のコロナ禍の影響を受け、巣ごもり需要でECサイトの利用は以前にも増して伸びていますから、その利用率の増加と呼応する勢いで、以前にも増して勢いのある企業となっています。

クレジットカード会社の決済サービスと近いですが、ペイパルの特徴であり優位点は、スタート当初からデジタルであったこと、データの収集・分析を念頭に置いたビジネスモデルであったことです。クレジットカード会社も昨今は決済データを溜めて活用しようと動いているようですが、最初から決済データの蓄積を実装していたことが強みとなっています。

今後は、GAFAの動きに追従すると私は予測しています。デジタルバンクの設立です。現時点では決済の先には銀行口座があるからです。GAFAの思惑と同じく、ペイパルは特にデジタルに特化していますから、デジタルバンクを設立し、金融サービスを強化していくだろうと。

ペイパルとしては旧態の銀行が手がけている、リアルな銀行業務をインターネット上に置いただけのネット銀行とは異なる、はるかに利便性の高いデジタルバンクを設立することで、既存の金融サービスを破壊するのではないか。私はそのように予測しています。

デジタルバンクを自社単独で作り上げるのか、それとも買収や既存の銀行と手を組んで行うのか。このあたりの思惑はグーグルの箇所で詳しく解説したように、パワーバランスもありますから、あれこれと画策していることでしょう。

ストライプ

10兆円ベンチャー、ネット決済をより簡便に

創業年／創業者：2010年／コリソン兄弟
売上高／時価総額：未公開／約10兆円
キーワード：電子決済（スマホ）

●評価額はすでに十兆円

ペイパルと同じ電子決済事業で飛躍的な成長を遂げているのが、アメリカのストライプです。日本では岡山県を本拠地にしたストライプインターナショナルというアパレルの会社がありますが、関係はありません。アイルランド出身のパトリック・コリソン氏は高校の頃から起業をし、地元のアイルランドの省庁からは出資を得ることができない一方で、シリコンバレーの投資家は興味を示したため、アイルランドを飛び出し、カリフォルニアに本拠地を移転。その後会社をカナダの会社に売却しつつ、コンピュータサイエンスをアメリカのマサチューセッツ工科大学で学んでいたところを新しく電子決済事業の「ストラ

イプ」を起業するために中退。2歳下でハーバード大学で学んでいた弟のジョン・コリソン氏と共に2010年に創業しました。まだ兄が20歳の頃からの創業で、現在では兄弟ともに、まだ30歳ほどで最も若い年齢層で自力でビリオネア（1000億円以上の資産家）になった起業家です。

オンライン決済では、カード番号を記入したり銀行口座を指定するなど、手間がかかります。先に紹介したペイパルを利用しても、ペイパルのアカウントならびにパスワードが必要です。

コリソン兄弟は、このような手間を排除した、より簡便にスマートに行える、それでいながらセキュリティもしっかりと担保されたEC決済を模索します。そうして作り上げたのが、同社の電子決済サービスです。

彼らの考案したアルゴリズムならびにシステムは画期的で、ペイパルも含めたこれまでの電子決済導入のハードルを、一気に下げました。ハードルは、利用者、事業者どちらもです。

私は実際にアメリカのECサイトやアプリ内で何度かストライプの決済サービスを利用していますが（後述しますが表立ってストライプとは書いていませんが、決済のスムーズさや、裏のコードを見ると分かります）、何かを購入し決済するときに、クレジットカードの番号を打ち込む必要はありません。たとえば、セキュリティコードを打ち込むだけで決済が完了します。

仕組みはクレジットカードの番号やローマ字の名前などの情報を、スマートフォンのカメラで読み込むだけで、ＡＩが自動的に文字を読み込み入力してくれるのです。実際に利用してみると分かりますが、これまでの電子決済に比べ、はるかに楽に決済できます。

「カードのローマ字を打ち込むのが面倒」。このような理由から、せっかく目の前に買いたい商品があるのに、決済が手間なために購入を諦めてしまう。いわゆる離脱者も、ストライプを使えば防ぐことができます。

離脱者を防ぐという点で、ストライプがペイパルと比べ優れている点がもう一つあります。ストライプを利用しているとの感覚や意識を与えないことです。ペイパルのスキームは、決済でペイパルを選択した時点で、ペイパルのプラットフォームに飛びます。何度かペイパルを利用している人であれば不安はないですが、初めてペイパルを利用する人にとっては、アカウントを作ることの面倒さから、購入をやめてしまうケースがあるからです。

一方、ストライプは縁の下の力持ちです。カメラによるクレジットカードのスキャニングでも、別サイトに飛んだり、ストライプの文字やブランドロゴが出てくることはありません。あくまでいま利用している目の前のECサイトのプラットフォーム上で、決済できる仕組みです。

さらにストライプのサービスが素晴らしいのは、決済システムを導入する手間が、ペイパルに比べてはるかに楽な点です。わずか数行のコードを、ストライプの決済を導入するサイトに加えるだけでよいからです。

自社のホームページにクレジットカード決済を入れたいと思った場合、ペイパルであれば、ペイパル専用のアカウントを作り、ソースコードを取って貼りつけるなど、それなりの手間と時間、プログラミング知識が必要でした。しかし、ストライプであれば楽になるのです。そのため特に、プログラミングに疎い人にとっても導入しやすいサービスと言えるでしょう。

決済手数料においてもペイパルより安く設定していることや、スマホでの決済へのいち早い対応もあり、設立からまだ10年ですが、ここ数年急激に成長。アメリカではもちろん、今や世界中にサービスを広げています。正確には、グローバルでビジネスを展開している大手顧客を持つことで、世界中にそのサービスが広がっています。

利用企業の顔ぶれも豪華です。ツイッター、前回の本でも登場した簡便にホームページを構築できるサービスを提供するカナダのショッピファイ、ズーム、配車サービスのリフトやグラブなどです。中国にも進出し、「Alipay（アリペイ）」や「WeChat Pay（ウィーチャットペイ）」などもストライプを利用しています。

日本にも２０１６年から導入が進んでおり、全日空といった大企業から、DeNAやfreee、といったメガベンチャーなどでの導入が進んでいます。その結果、すでに年間数十兆円規模の決済高を誇り、時価総額もペイパルの約3分の1にまで迫る約10兆円にまで伸びています。

●電子決済の王者、ペイパルを抜く!?

現時点ではペイパルのシェアは圧倒的です。しかし、あくまでパソコン上の決済においてで、スマートフォンなどのモバイル決済では、ストライプのシェアが勝っています。そのため今後ストライプがさらに伸び、ペイパルの脅威になる可能性は大いにあるとみています。

ストライプがペイパルより勝っている点は、後発の利点を生かしたことです。ペイパルは自前でサーバーを組み上げてから、徐々にGoogleクラウドに移行しています。一方、ストライプは最初からクラウドサーバーでシステムを構築したからです。

クラウドのため、急激にビジネスがスケールしても、問題なくシステムを拡張できます。実際、モバイルマーケットを早期に押さえられたのも、クラウドシステムであったことが大きいと私はみています。

私がDXでよく挙げる例えですが、古くからあるお寺の改修は、お金も時間もかかるものです。一方、新しいものは安くすぐに建てられる。しかも、最新の設備や安全性が備わっている。このような経済学でいう後発性の利益の観点からも、最新のベンチャーが手がける金融サービスの方がはるかに便利であり、成長スピードも速いのです。

現状、モバイルはストライプ。パソコンはペイパルと棲《す》み分けされていますが、ペイパルが30年かけて構築してきた評価額を、ストライプがたった10年でその3分の1にまで伸ばしてきたことを考えると、この先追い抜くことは十分考えられます。

10年の間にここまでテクノロジーで差が出るのも、昨今のトレンドであると言えるでしょう。希代の実業家であるイーロン・マスク氏や投資家のピーター・ティールが創業した会社が、約20歳下の32歳が経営する、より新しい決済企業に猛追される。これが、現在のビジネスのスピード感なのです。

　実際、人の動きを見てもストライプの方が高いことが分かります。ＶＣ世界大手のセコイア・キャピタルやアンドリーセン・ホロウィッツが、ストライプに出資しているだけでなく、多くの優秀な人材を巨大化したＧＡＦＡなどから引き寄せているからです。

　ユニークなのは、ライバル企業、ペイパルの創業者のイーロン・マスク氏ならびにピーター・ティール氏も、ストライプに出資している点です。自分たちが見てきた電子決済にはまだまだ伸びしろがあり、自分たちだけでは開拓できていない部分があるとも認めているからこその出資なのでしょう。このあたりの感覚があるからこそ、やはりペイパルも未来を破壊する企業の一つとして、まだまだ注視していく必要があると思います。

　そしてストライプはペイパルとは別に、デジタルバンクなど、あらゆる金融サービスのイネーブラー（黒子）として、金融サービスを空気のように滑らかに使えるようにする方向に向かうでしょう。

アント

アマゾンと「二大巨大銀行」になり、世界最速で金融のデジタル化を推進する

創業年／創業者：1999年（アリババ内）／社内ベンチャー
売上高／時価総額：非公開／約30兆円
キーワード：アリババグループ（中国）、電子決済、デジタル通貨

唯一の中国企業です。もともとはアリババグループのEC、金融関連の事業ならびにテクノロジーまわりを開発していた、いわゆる社内ベンチャーのような位置づけでした。アリババのECサイトが急激に拡大したことを受け、新たなサービスを開発。そうして生まれたのが、QRコードで簡便に決済ができるアリペイです。

アリペイはアリババのECサイトに限らず、屋台での決済など、中国の人々の暮らしのあらゆる決済シーンに普及していきました。その結果、社会全体のエコシステムとして広めようとの機運が高まります。こうして「アント・グループ（螞蟻《ばぎ》集団）」として派生し、さらなる成長を続け現在に至ります。社内ベンチャーをスピンアウト（分離独立）して成功した事例です。アリババグループは他にも同様の社内ベンチャーを持っています。

アントの特徴は、やはりアリババグループであり多くの販路を最初から持っていることです。もう一つ、中国企業であることも重要な成長ポイントです。

アリババはアリペイ以外、資産運用、ローン、保険など、多くの金融サービスを手がけていますが、グループ企業のアントは、これらの事業をアリペイで集めたキャッシュならびに、同じくアリババグループのECサービスなどで得たデータと紐付け、最大限活用しているからです。プライバシーの問題が出てこないことは中国ならではです。

このようなアセットを武器に、アリペイにキャッシュを入れておくだけで利回り約7％というサービスも一時期ですが提供していました。アリババグループで使っている与信やローンの事業のアルゴリズムを、他の金融機関に提供することでも利益を得ています。

しかしこれらの金融サービスは、明らかに銀行業務です。そのためアントが行うには、免許を取得する必要があります。しかし、そこは中国。アメリカなどの民主国家に比べると、トップがイエスと言えば業種の壁を簡単に越えることのできる環境ですから、ここまで自由にビジネスを展開でき、大きく成長できたのです。

ただアリババの創業者であるジャック・マー氏は、拡大をしすぎたかもしれません。従来の政府が作ったシステムは古すぎる。これからの金融サービスならびにシステムを構築するのは、ハイテク企業であるわれわれだと。中国政府を刺激するような発言が、アントが上場直前に報道されました。2020年のことでした。

その結果もあってか、これまで自由に行っていた金融サービスが行えなくなりました。同時に、2020年最大、約30兆円規模で上場すると思われていたアントの上場も白紙となりました。

一方で、デジタル通貨の普及に関しては、政府と手を組んで進めています。おそらくアントならびにアリババグループとしては共存のための動きと私はみています。

ただし、アントが進めているデジタル通貨事業は、今後、世界の金融マーケットにおいて、大きな存在感を示すことは間違いありません。中国全土で利用が広まっているエコシステムであるアリペイを、プラットフォームとするはずです。圧倒的なエコシステムを背景に、政府としてはデジタル人民元を一気に普及させたい意図が垣間見えます。

重要なのはそこから先の動きです。中国政府は中国に限らず、中華圏のエコシステムとなっているアリペイを活用し、デジタル人民元をアジアなどアリペイがすでに普及しているところに地域のデジタル通貨として広めたい。このような戦略が窺《うかが》えるからです。デジタル人民元でないとしても、アリババのテクノロジーを活用して、他国のデジタル通貨の開発を担うことも、十分あり得るでしょう。

アメリカとの関係が近くない東南アジアの諸国が、中国と手を組んでデジタル通貨を開発することは十分に考えられますし、そのような未来が訪れれば、これまで強かった米ドル、そして日本円にも影響を及ぼす可能性があります。

アメリカ政府は自分自身が世界最大の通貨であるドルを持つが故にスピード感こそ中国と比べると圧倒的に遅いですが、動向次第で今後はデジタル通貨に本腰を入れてくることでしょう。米中央銀行のＦＲＢは２０２０年夏に中央銀行デジタル通貨に関する報告書を公表するとしています。運営にはクラウドが必須です。すでに政府のシステムでも実績のあるアマゾンの運営するＡＷＳやマイクロソフトの運営するアジュールなどが関係してくると予想されます。

つまり、米ドルのデジタル通貨はアマゾンやマイクロソフトなどが。デジタル人民元はアント（アリババ）が。このようなデジタル通貨の二大巨頭が、これから先のデジタル通貨業界をリードしていく可能性があるのです。

アファーム

「ローン＝住宅」の常識を180度変える

創業年／創業者：2012年／マックス・レブチン（ペイパル）
売上高／時価総額：約700億円（直近1年間）／約2兆円
キーワード：個人向けローン

●クレジットカードよりも安い金利でローンを組める

高級家電やフィットネスで使うエアロバイクなど、一括で購入するには金額が大きいけれど、銀行やクレジット会社のローンを組むには、利率が高すぎる。あるいは、そもそもそのような商品を対象としたファイナンスがない。

アファームはこのような市場のニーズを汲《く》み取り、ECで購入した商品のローン、言い方を変えれば後払いを、これまでのクレジットカードのローンなどの金利よりも低く、申し込みならびに審査がスムーズに行えるサービスを手がけています。

アメリカ人はローンでの購入が大好きですが、さすがに若者世代となると金利16～17%での買い物は、躊躇《ちゅうちょ》します。しかし、アファームのファイナンスを利用すれば、5%程度で借り入れることができます。

しかも、アファームはマーケティングが秀逸です。あるECサイトで買い物をしていたとします。欲しい商品を見つけたけれど、キャッシュで買うには高額すぎる。クレジットカードでローンを組むには、あまりにも金利が高すぎる。仕方ない、今回は諦めよう。サイトから離脱しようとした瞬間、商品の横にアファームのファイナンスならびに5%の文字が表示されるからです。

場合によってはキャンペーンなどで、ジャパネットたかたのように金利0%の場合もあります。当然、クレジットローンではなく、アファームでのローンをほとんどのユーザーは選択するでしょう。

これまではローンを組む場合、金利や借入額の査定は、対象者にアンケートを採り年収や資産、他の借り入れの有無などを、本人に確認するなどして行っていました。同業務は自社あるいは専門の業者が行っていました。そのため手間もコストもかかっており、これらの経費が金利に加味されていたわけです。

一方で、アファームのローン審査はこのような従来のローン審査と比べ、はるかに簡便です。まず、申請者が何かを書いたり申請するようなことはありません。これまでネット上で大量に購入されてきた商品ならびに支払内容などのデータを基に、商品ごとの適切な金利を設定しているからです。

技術的な仕組みを補足すれば、膨大なデータならびに綿密に設計されたアルゴリズムにより、計算式を設定しています。そのため実際の審査は人ではなく、コンピュータが行います。そのため審査は瞬時に、そして24時間いつでも受けることができます。12カ月、24カ月払いなど、利用者の状況や意図を汲み取り、支払期間を設定することも可能です。

ローン申請においては、年収など答えたくない項目を記入する必要もあり、正直、すべて100％正しい回答かというと、ローン審査で実際にこの手の書類を記入したことがある人はお分かりかと思いますが、そうではない場合も少なくないはずです。

つまり与信の判断、クレジットスコアが正確ではないため、貸し手としては貸し倒れを防ぐために、リスクヘッジの観点から、これまでは多めに金利を取っていた、という状況がありました。従来の状況や仕組みでは、致し方ないことだとは思いますが。

しかし、そのような状況をデータの活用からアファームは破壊したのです。そして、大きくシェアを伸ばしています。

メインターゲットは、ある程度の金額の商品を販売しているECサイトです。具体的には、フィットネスバイクの販売で急成長しているベンチャー、ペロトンのECサイト。あるいは、ル・クルーゼなどの高級調理器具や、日本で言うフランフランのようなおしゃれ雑貨を扱っているようなECサイトです。イメージとしては、あらゆる商品が取りそろうアマゾン的なECサイトではなく、高級老舗デパートが運営しているようなECサイトです。

アファームが提供しているサービスを、なぜ住宅や自動車ローンを手がけていた銀行などが行わなかったのか。データの活用をするためのハードルが、社内人材や発想などでは本腰を入れられなかったと推測されます。世の中の動向を見ていれば、進出できた余地があると言わざるを得ないからです。

住宅ローンでは貸し倒れは許されませんから、それこそクレジットスコアを算出する緻密な計算式やフローが、銀行にはあったはずだからです。しかし彼らはそのアルゴリズムを、自動化して他の商品に展開したり、別の会社に開放するような意識やアイデアがなかった。そこが、大きな問題なのです。

自動車ローンは自動車ローン、住宅ローンは住宅ローンのアルゴリズムがあるのでしょうが、そこはもう少し頭を柔軟に、私が前回の本で紹介したように業界の壁を越えるようなサービスを考えていれば、できたと思えるからです。

ちなみにアファームは同社のアルゴリズムを、一般消費者向けのECだけでなく、事業資金の融資にも展開。個人向けと同じく、事業者が今すぐ欲しいキャッシュを低金利で貸すサービスにも着手しています。

日本にはまだ入ってきていませんが、導入がスタートしたら、日本のクレジットカード会社は打撃を受けるでしょう。日本はECの拡大がまだまだ続くため参入するメリットは高いと私はみています。

アファームはさらに、自社のローンの特徴である〝もの〟によりアプローチしていき、新たなサービスを展開するのではないかと、私は予測しています。たとえば次のようなサービスです。

電動バイクをアファームで購入したお客様に対し、ある時期を超えると、再販での価格が大幅に下がります。ですから、今なら高い値で売ることができますよ。そのようなアナウンスをするサービスです。ものを所有するだけでなく、手放すところまでをトータルにサポートするサービス。言い換えれば、ものへの期間限定でのアクセス権をどう最適化するかという考え方です。今ではフリマアプリがありますが、そもそもの購入のところから手がけることができればまだまだ新規事業を作ることができる余地があります。いずれにせよ、今後のアファームの動向は注目です。

コインベース

すべての証券取引所と証券会社を淘汰する

創業年／創業者：2012年／ブライアン・アームストロング、フレッド・エサン
売上高／時価総額：1300億円／8兆円
キーワード：仮想通貨の取引所

コインベースは、ビットコインやイーサリアムといった仮想通貨の交換所サービスをネット上で行っているベンチャーです。収入は売買手数料ですが、一般的な株の売買手数料に比べ、現時点で仮想通貨の手数料は場合によっては数%と、かなり高く設定されているケースもあり、急成長を遂げています。

そのためコインベースの他にも、クラーケン、バイナンス、ビットフィネックス、フォビ・グローバルといった、同様のサービスを手がけるベンチャーが、仮想通貨の広まりと併せて、主にアメリカで次々と生まれています。

現時点では、コインベースはあくまで仮想通貨の交換事業しか手がけていません。しかし私は、これから先は仮想通貨に限らず、株式、ＦＸ、外貨など、デジタル通貨全般といった具合に、取り扱う商品を増やしていくと予測しています。

理由は規模の経済です。投資家にとっては、いくつもの接点で取引するよりも、一つの窓口で多様な商品を扱えた方が便利だからです。彼らの技術力ならびに体力を見ても、十分にできる余地があります。コインベースが扱う仮想通貨の取引量や金額は、すでに日本の証券取引所のそれに匹敵しつつあるからです。

もう一つ、理由があります。コインベースのメンバーの顔ぶれです。コインベースを共同創業し退社はしましたが、取締役に残っているのは、ゴールドマン・サックスで為替のリーダーをしていたフレッド・エサン氏という人物です。株主には、タイガー・グローバル・マネジメントというヘッジファンドもいます。

つまり、金融を熟知している人材がこれまでリアルかつ中央集権的な構造からつぎはぎで進化した金融ではなく、最初からデジタルで新しいサービスを提供していく。このような明確な意図のもと、創業されたと思えるからです。

彼らは金融の知見がありますから、私が紹介した以上に、多様な金融サービスを展開する可能性も十分あると考えていますし、楽しみでもあります。コインベースはすでに日本にも進出していますから、この本が出版される頃には、日本においてもさらなる動きを計画していることでしょう。

ウォールストリートと兜町がなくなる

証券取引所は、なんのために存在しているのでしょう。企業が上場することの審査や、監視や規制という意味合いもありますが、結局のところ、買い手と売り手が出会うマッチングの場です。つまりネット取引が主流になっている現在においては、リアルな証券取引所という物理的な場所は、意味を持たないのです。

重要なのは、いかに多くの人を集めることができるか。そして、利便性の高いプラットフォームであるかどうか。この両方を、コインベースは備えているのも特徴です。

その結果、どのような未来になるのか。従来からあるリアルな証券取引所ならびに、人を介してだけの証券会社は規模を縮小していくでしょう。

究極を言えば、国の制限がなければ東証やナスダックよりも効率的な市場を作ることが可能です。ウォールストリートや兜町は、これから先の世界では、がらりと姿を変えていると私は思います。そもそもどちらも都心の一等地に、あれだけの物理的なスペースを抱えていることが、現在のデジタル化トレンドに反しているからです。

クラウドで一部代替できますし、逆に、東証にあるオンプレミス（現場にある）のレガシー（古い）システムよりも、よりセキュア（安全）で高速なシステムが組めるようになってきています。同時にAIの処理など、付加価値の高いサービスを行える可能性があります。なぜ、やらないのか。クラウドにすると、メンテナンス手数料が半分以下になるからです。そのためシステムを請け負っているSIベンダーからは提言することはなかなかないでしょう。

しかしこのような旧態依然の利益に依存する企業やサービスは、イノベーションのジレンマに悩まされることになります。

2020年10月に東証のシステムに障害が起きました。同時期に三井住友銀行が主導となり、民間企業が私設で取引所を作るとの話が上がっています。

東証やナスダックのシステムに接続するための料金が高額であり、利用者から不満があることも、理由の一つでしょう。当然、より利便性の高いプランが実現すれば、東証やナスダックは飲み込まれ、なくなります。

対してコインベースは、多くの人が集まり売買量が増えることで、より多くの利益を得る。そうしてさらに扱う商品やサービスの質を向上させ、多くのユーザーを囲い込む。規制とバランスを取りながら拡大することができれば大きなポテンシャルがあります。

キャベッジ

「低金利」「24時間対応」「10分」のローン審査で銀行のローン事業を破壊

創業年／創業者：2009年／ロブ、マーク、キャサリン
売上高／時価総額：非公開／約900億円（2020年買収時）
キーワード：事業ローン

中小企業に対し、資金調達サービス、具体的には経営状態などをチェックする与信を行っているのが、キャベッジです。

キャベッジが従来の銀行の与信、貸付サービスと異なるのは、すべてオンラインで、かつ、与信の可否をデータを基にしたアルゴリズムで自動的に行っていることです。

そのため与信の判断はわずか10分。オンライン、コンピュータによる判断ですから、24時間いつでも受けることができます。

与信の仕組み、アルゴリズムもユニークです。キャベッジでは、特に自分たちのデータだけで判断していません。審査対象となる人物のインターネット口座などから判断しているからです。たとえば、審査対象者のアマゾンでの購入履歴をチェックし、どのようなものをどれくらいの頻度で購入しているのか、といったデータをチェックします。

たとえばですが、競馬やパチンコといったギャンブルに関する書籍などを定期的に購入している対象者は、与信が低い、と判断するわけです。アマゾンがデータを渡さないと考える人もいるようですが、購買データはあくまで個人データという位置づけです。そのためデータ取得はキャベッジが行いますが、アカウントへのアクセスは本人が行うため、アマゾンはデータを開示する、という仕組みです。

アマゾンを例に挙げましたが、キャベッジが与信を判断する先のアカウントは、一つでなくてもよいのです。他のECサイトや決済サービスのアカウントでもあり得ます。クラウド会計ソフトのアカウントからデータを得れば、より詳細なお金の流れや資産状況を把握できるでしょう。

いくつかのアカウントを見た上で、最も信頼できるアカウントを特定し、与信の可否ならびに金利や金額を提示しているのです。にもかかわらず、繰り返しになりますが、判断に要する時間はわずか10分以内です。

現時点では、「アマゾンマーケットプレイス」などに出店するEC事業者がメイン顧客です。しかし同仕組みを活用すれば、リアルにビジネスを手がけている中小企業経営者もデータをクラウドサービスに保存していれば対象になりますし、個人の与信も手がけることは可能ですから、マーケットは今後ますます拡充していくことでしょう。

つまり、これまで銀行が行っていたローン事業を奪う可能性が十二分にある、ということです。

大前提として、ローン審査は正確かつ精緻に行わなければいけません。しかし従来の銀行のローン審査は、申告者が自身で己の経営や資産状況などを記入した書類を提出し、その内容を銀行の担当者が見て判断する流れが一般的でした。

同フローには大きく2つの問題があります。まず、信憑性《しんぴょう》です。資産状況のところに、ありもしない残高1億円を記入することが、もちろん違法行為ですが、嘘《うそ》をつくことが可能だからです。特にキャッシュフローに関しては、本人も覚えていない場合が多々あります。一方、キャベッジの確認するデータは、意図的にアカウントを操作しない限りは本人が覚えている以上に正確なデータが取得できます。

もう一つの問題は、担当者の属性により、審査の見方が多少変わるケースがあることです。担当者に限らず、銀行や組織によって異なるのも、従来のローン審査の特徴です。

対してキャベッジは、データならびにアルゴリズムに基づいているので属人的でなく貸し倒れは最小限にするように、利用者が求める最大限のお金を低金利で貸すことができます。銀行でローンを断られた経営者が、キャベッジでお金を借りることができた。しかも安い金利でより多額を。このようなことが起こり得るのです。

スピーディーかつ24時間体制ですから、これまでは昼間にビジネスの時間を削って書面に記入し、銀行に行くことを何度も繰り返した。にもかかわらず審査が通らなかった。このような無駄やストレスから解放されます。

事業者からすれば、どちらのサービスを利用したいと思うか。キャベッジを利用しようと思うのは、自然の流れと言えます。

将来性ある企業ならびにサービスですから、多くの金融機関から注目されています。その結果、2020年にアメリカン・エキスプレスに買収されました。アメリカン・エキスプレスは個人が使うクレジットカード事業はもちろんですが、中小企業向けのビジネスカード事業にも注力しており、同分野で成長してきたキャベッジを脅威だと感じたと同時に新型コロナによって環境が変わった影響もあり、買うべきタイミングだったのでしょう。またカード会社は決済手数料が主な収入源でデータの活用に関しては本腰ではなかった、そのドメインを強くしたい狙いもあったと想像できます。

大手クレジットカード会社に買収されたことで、自動でデータを集めてきて与信を判断するアルゴリズムが、これからどのような業務やサービスに展開されていくか注目しています。

今回のアメリカン・エキスプレスの買収は、本来であれば銀行が買収できたと私は捉えています。特に、地銀などは地域の中小企業にお金を貸すのがメイン業務でもあるからです。

というのも、キャベッジの事業モデルは技術的なことも含め、特にハードルが高いものではないからです。着手した時期が早く先行者メリットがあったこと、そのために成長しています。

実際、後追いのベンチャーも出てきています。キャベッジはまだ日本で展開していませんが、日本でも同様のサービスをマネーフォワードなどクラウド会計会社でも手がけています。

さらに補足すれば、キャベッジのようなサービスをEC専門で行うベンチャーがより出てきてもよいと考えています。今はネットショップ作成ベンチャーが手がけているところもあります。まさに先のアマゾンの例に重なりますが、巨大なECプラットフォームを運営している企業が、それこそ出店者に対し、サービスラインの一つとして融資を提案すれば、需要は高いと思うからです。

ロビンフッド

堅苦しい金融サービスをゲーミフィケーションする

創業年／創業者：2013年／ウラジミール・テネフ、バイジュ・バット
売上高／時価総額：1億8000万ドル（約200億円）／約411億ドル（約4000億円）
キーワード：投資アプリ

前回の本でも紹介した、スマートフォンで株式の売買がすべて完結するサービスを作ったパイオニアであり、社名のロビンフッドはそのまま、スマホアプリの名称でもあります。当初は株式の売買だけでしたが、現在はビットコインなどの仮想通貨の取引も可能です。先ほど紹介したコインベースとは逆の垣根の越え方で、サービスを拡充しています。

ロビンフッドがユーザーから支持されている理由は、大きく2つあります。まず大きいのは、操作がゲーム感覚であることです。私は実際にダウンロードして使ったことがあり肌感覚で分かりますが、まるでスマホアプリのゲームを操作しているような感覚で、取引が完結します。

2つ目は売買手数料はもちろん、ほとんどのサービスが無料で利用できる点です。そのため、株式トレードの知識が乏しく、大きな資金を持っていない若い世代、いわゆるデジタルネイティブなスマホ世代から支持されていて、彼らはロビンフッターと呼ばれています。

日本ではまだサービスが提供されていませんが、アメリカでは北米を中心に約1300万人ユーザーにまで規模を拡大。先日ある事件が起きたことで、ロビンフッドの名はますます多くの人に知られるようになりました。

日本のゲオのような、中古のビデオやゲームを扱う、ゲームストップというチェーンショップがあります。このゲームストップの株を、ロビンフッターが一斉に購入したことで、同社の株が10倍にも値上がりしたのです。

ロビンフッターが同社の株を買い占めた理由は、ヘッジファンドなどが同社の株を空売りの対象としたことです。その行動に対抗するために、掲示板などでロビンフッターが同社の株の買いを呼びかけ、実行。結果、株価は高騰し、ヘッジファンドは空売りで儲けるどころか、逆に、大きな損失を計上しました。

なぜ、ロビンフッターはこのような行動を取ったのか。同社の理念に似ています。ロビンフッドは創業来「株式の民主化」を掲げてきました。手数料無料やゲーミフィケーション（ゲームのように楽しくさせる）なユーザー体験も、まさにこのような理念の表れでもありますし、ロビンフッドという社名も、裕福な人から物やお金を盗み貧乏な庶民に分け与えていた義賊、ロビンフッドに由来しているといわれています。新型コロナで分断が進み、ヘッジファンドなど一部の富裕層が儲け過ぎであるという見方から草の根の活動が広がりました。

ロビンフッドはゲームストップの取引を一時的に停止しました。ただロビンフッド以外での売買はできますから、ヘッジファンドの空売りは続けられます。一転、ゲームストップの株価は急落するなど、大きく乱高下する状況となり、市場を混乱させました。

一部のロビンフッターの行動を、肯定するつもりはまったくありません。私が伝えたいのは、ロビンフッドが出てきた頃には、株式に詳しくない若者がお遊びでやっているゲームのようなものだろうと、ヘッジファンドをはじめ、株式界隈の人の多くが見ていました。それがわずか数年で、ここまで株式市場全体に影響力を及ぼすまでの企業ならびにサービスに成長したことが、着目すべき点なのです。影響力は、株式界隈だけにとどまりません。

日本でも話題の音声スマホアプリ「Clubhouse（クラブハウス）」でも、頻繁にロビンフッドの事件が取り上げられ、ロビンフッドがロビンフッター、つまり個人投資家のディールだけを停止し、ヘッジファンドの取引は停止しなかったことは問題であるなど、論争が続いています。

ロビンフッドについては、業界関係者の多くはいまだに冷えた目で見る人がいる一方で、マーケットの裾野を広げる意味では社会に貢献している、と考える人もいるなど、世論は割れています。ただ、前者の割合が多いように感じています。

しかし私としては、後者の考えです。大きなお金を動かし大儲けすることだけが、株式取引の社会としての意義ではなく、経済にお金を回すことにも意味があるからです。日本では「貯蓄から投資へ」と掛け声をかけても動かなかったものが、ストレスなく取引をさせるゲーミフィケーションによってアメリカで実現していることは知っておくべきでしょう。ロビンフッドのユーザーには、アプリを使っているととにかく楽しくなるように設計されています。インターフェースとしても、使いやすい。ですから私はこれからもロビンフッドの動向に注目していきいます。

今後、さらに成長していくには、今回のような事件を未然に防ぐ仕組みづくりが必要でしょう。異常な取引を検知したら、ロビンフッド側が自動で取引を停止できるようなルールの整備などです。

ロビンフッドは今年中に上場を控えているといわれています。そのためすでに、このような整備ももちろん行っていると考えられます。そして当然ですが、ロビンフッドが成長すればするほど、銀行の投資信託サービスや証券会社が淘汰されていくことは言うまでもありません。

銀行を襲う3つのメガトレンドとは？

アップルやアマゾンは情報を積極的に開示しない企業であるため、これまで紹介してきた未来が100％実現しているかどうかは定かではありません。ですが既存の銀行が行っているサービスならびに、同じく既存の証券・保険会社が行っている各種金融サービスは、時間の差はあるでしょうが進化しなければ淘汰されていきます。

そのフックとなるのが私が紹介してきた、11社が持つテクノロジーの力ならびに3つのメガトレンドです。それぞれ紹介していきます。

メガトレンド①

すべての銀行手数料が0になる

「銀行の各種手数料はすべて無料になる」

これが、1つ目のメガトレンドです。なぜ、無料になるのか。後述の第2章でも詳しく紹介しますが、大きくは2つの軸があります。

まずはGAFA。彼らは既存のサービスラインがあり、そちらで莫大な利益を得ていますから、金融サービスはあくまでユーザーの囲い込みが目的です。言い方を変えると、宣伝費、サービスのような感覚です。金融サービスが本業であり、それが食い扶持《ぶち》の銀行にとっては、脅威になるのは当然と言えます。

銀行が手数料を取っていたのは、一昔前は各種業務がそれなりにコストがかかっていたからです。国際送金や為替などはいい例です。しかし昨今のテクノロジーを使えば、簡単に行えるわけですから、いつまでも手数料ビジネスを行っている時代ではありません。

もう一つはスマートフォンでの事業ローン完結サービスなど、既存の金融サービスにはなかった新たなサービスを提供することで、従来の銀行の収益柱であった手数料に依存することなく、ビジネスを展開していくフィンテックベンチャーが次々と現れている点です。

この流れこそ、現在のトレンドと言えるでしょう。中には市場価値が1000億円以上のユニコーンに成長するベンチャーも少なくありません。まさに本書で紹介しているフィンテックベンチャーなどです。

実際、アップルカードの年会費は無料です。一方で、大手カード会社の多くはいまだに年会費を取っています。年会費に見合ったサービスが受けられればよいですが、アップルカードには買い物時の割引率がアップルカードを使うことで高くなるなど、実際に使いたくなる、使っていてうれしいサービスがたくさんあります。果たしてユーザーがどちらを選ぶのか、アップルが優れた顧客体験を提供し続ければ支持は広がります。

アップルペイやグーグルペイなど、各種○○ペイの事業者側の手数料についても、同じことが言えます。こちらは0円ではありませんが、クレジットカードの数%に比べれば、はるかに安い利率で事業者は利用できるように価格競争が起こりつつあります。

さらに補足すれば、アップルペイやグーグルペイの手数料は、本来であれば無料で提供できるわけです。先に書いたとおり、決済サービスはあくまで本業への囲い込みだからです。既存の競合に合わせて手数料を取っているだけですから、開発が進めば、決済サービスの手数料も無料になることは十分考えられます。

銀行業界に起きるトレンドは、ロビンフッドの動向を見ていれば一目瞭然です。証券会社と同じサービスを提供していながら、手数料無料でビジネスを展開しているからです。その結果、ロビンフッドに追従するように、アメリカのモルガン・スタンレーやチャールズ・シュワブのように大手証券会社もオンラインでの取引を拡大して手数料を無料に近づけていくしかないのです。このトレンドが銀行業界に入ってこないと考える方が、逆に不自然だと思えます。

余談ですが、役所などで住民票や戸籍謄本などをプリントアウトしてもらうと、数百円の手数料を取られます。同じように、学歴の証明書発行など、手数料が有料のものは多くあります。これらの手数料も、今後ブロックチェーンなどのテクノロジーが浸透していけば、役所の担当者を介さずに、それでいてセキュア（安全）に簡単に取得できるようになります。その結果、無料になると私はみていますし、そのようなサービスを提供するベンチャーが、これからおそらく出てくるでしょう。

そして究極的なトレンドとしては、テクノロジー企業が銀行機能を持つ。このようなトレンドになっていくと思います。テクノロジー企業が銀行を持つ理由については、第2章の最後で改めて解説します。

メガトレンド②

預金量よりもデータを持つ銀行が未来を制す

●「ペイパルの時価総額がバンク・オブ・アメリカを抜いた」が示唆すること

ペイパルが、アメリカ屈指のメガバンク、バンク・オブ・アメリカの時価総額を抜きました。この出来事の背景には、まさにこれからの金融業界におけるトレンドが示されています。預金量が多いだけでは競争優位性を保てないということです。

言い方を変えると、預金量だけに頼っているビジネスを続けている銀行を、世界中の機関投資家たちは、「これから先、大きく伸びることはなさそうだ。だから投資するのは控えよう」。このように判断した、ということです。

銀行の収益柱の要はローンです。ローン事業による利益率は、おおよそ数%でしょう。バンク・オブ・アメリカの預金量は約2兆ドルですから、日本円にすると約200兆円。つまり預金を貸すことで得られる利益は、約2兆円以上になります。

それなりの金額ですし、一見すると優良企業のようにも思えますが、投資家の観点はまったく異なります。「わずか数%しかリターンがない」と思うからです。もう一つ付け加えれば、2兆円という金額や企業の規模、そして預金量には、投資家は興味がありません。

興味があるのは、投資したお金がどれだけ増えるか。現在の利益率ではなく、これから先どれくらいグロース（成長）し、どの程度の利益を生み出す可能性があるのか。そしてその成長の種を持っているか。そこが、ポイントだからです。

本書ならびに前書で取り上げている企業を見れば、現時点では小さなベンチャーであっても、この先伸びる技術やサービスを持っていれば、瞬く間に時価総額数千億円、中にはペイパルのように数十兆円規模にまで成長する時代であり、トレンドだからです。

伸びる企業の判断材料の一つが、データを持っているかどうかです。ただし、データは持っているだけでは意味がありません。保有しているデータを活用し、ユーザーや社会から評価される仕組みやサービスとして世に送り出すことのできる、技術力やインテリジェンス（洞察力）が必要です。

そして、このようなアセットを持つ企業に対して、市場が適切に評価する。ペイパルがバンク・オブ・アメリカの時価総額を抜いたことは、まさに現在のトレンドシフトを如実に表している出来事と言えます。

データを活用した金融サービスが、社会に浸透した際の未来の姿はこれから詳しく紹介していきますが、データがあれば、ＥＣ、広告、与信など。いくらでもサービスの展開ができます。

一方で、いわゆる旧態の銀行は、これまで使えるかたちでデータをそもそも取っていませんでした。もちろん、○○円の入金が△月△日にあったといった類いのデータはあるでしょう。

しかしデータを自社の広告や営業に生かすようなＡＩなどの分析ツールを用意しなかった。そもそもそれ以前、別のサービスに活用するためにデータを取ろうとの考えがなかったと思われます。

このような姿勢やビジネスモデルは、現代のトレンドとは合致しません。

投資家目線で考えたら、アメリカの投資銀行であるゴールドマン・サックスがいち早くデータを活用したり、テクノロジー企業と組んでいる一方で、データが規制や慣例も関連し取れる状態でなかったり、あるデータを活用しようともしない。預金量が劇的に増えない中で預金量×数％のビジネスがメインであり続ける。言い方を変えると変われない旧態の銀行では今後合併などの対象になってくるでしょう。

メガトレンド③

24時間365日開いている銀行が標準に

●銀行（金融サービス）は空気のような存在になる

テクノロジーの進化により、これからの社会では銀行は24時間365日開いているのが当たり前になるでしょう。ただし、ここで言う銀行とはリアルな店舗ではなく、スマートフォン内のデジタルバンクです。

つまり3つ目のメガトレンドは、

「すべての銀行サービスはスマホで完結する」

このように言い換えることができます。

このトレンドの結果、どのような未来になるのか。お昼休みにわざわざ銀行の窓口に足を運び、長い行列に並んでお金を下ろす。15時までに何とか銀行に行き、番号札を取って、申込書類に住所や電話番号を記入し、印鑑を押す。しかもお金を下ろすのと同じように、数十分、手続きをしてもらうまで待たなければならない。

このようなストレスが溜まる、無駄に時間を使っていることが、これから先の未来ではなくなります。本書で紹介している11社のような先端企業が持つ、テクノロジーやアイデアのおかげです。

先日、アマゾンのトップから退任することをアナウンスした創業者のジェフ・ベゾス氏の発言が、まさにこの3つ目のトレンドに重なっていました。次の言葉です。

「本当に新しい発明というのは、数年後にあくびをするような存在になる」

この言葉の意味するところは、あくびのように意識することなく、まるで空気のような存在のサービスや発明こそ、社会から本当に求められているものだと。アマゾンはこの先、そのようなサービスを目指していく、ということです。

現に、一昔前であれば何か商品を買おうとした場合、お店が開いている時間にリアルにお店に足を運ぶ必要がありました。

しかし、夜中でも開いているコンビニが登場し、24時間365日、買い物ができるように変わりました。そしてそのトレンドはコンビニだけでなく、スーパーマーケットやファミリーレストランにまで拡大しました。

その後、リアル店舗はインターネット内に移動し、店に足を運ぶことすらなくなりました。24時間365日物が買える便利さは変わらず、です。さらには自宅にいることなく、出先で、あるいは電車などで移動している最中でも、スマートフォンがあればいつでもどこでも物が買えるようになりました。

このような小売業でのトレンドシフトが、銀行業界でも起きます。テクノロジーのおかげです。そういった意味では、あらゆるサービスが空気のように、24時間365日受けられる。それも、本人が意識することなく自動で。

このトレンドは金融サービスに限ったことではなく、あらゆる業界、サービスでも起きるトレンドであるとも言えます。そしてそのようなサービスが浸透した社会が経済での競争力を持つでしょう。

第2章

11社が銀行業界に起こすメガトレンド①

すべての銀行手数料が0になる

なぜGAFAは利益度外視で金融に参入するのか？

まずはアップルについて紹介します。前回の本も含め、これまで何度も紹介してきましたが、とにかくアップルはiPhoneから顧客を離したくない、との思惑が強いです。実際、利益の半分以上はiPhoneからですし、今でこそ廉価なiPhoneも発売されていますが、それでも最新機種などは10万円を超える金額です。そして、そのような高額製品を2〜3年というスパンでユーザーは買い替えていく、これほど効率のよいビジネスは他ではなかなか見られません。

そのため金融サービス、たとえばアップルカードの年会費が無料のように、これから発表していく各種金融サービスでも、手数料はとても安く提供していくでしょう。

次の章で詳しく紹介しますが、iPhoneを長く使い続けてもらうことで、個人はもちろん、大勢の人のデータが蓄積されていきます。すると、そのデータを活用しなくとも自然とiPhoneから離れにくくなります。アップルはプライバシーには配慮する方針を強めていますが、「AirPods（エアポッズ）」などの周辺機器の拡充でさらに囲い込みを強化します。その囲い込みの一環で金融サービスでの手数料は無料としているのです。

アマゾンが金融サービスを提供する一番の理由は、顧客ファーストを貫いているからです。その上でなぜ、金融サービスの手数料を安くするのか。アマゾンプライムに加入してもらい、継続的な顧客になってもらうとの狙いが大きいと考えています。

言い方を変えれば、金融サービスの手数料を無料に近い金額にするのは、アマゾンプライムへの広告宣伝費であると。金融サービスの手数料無料にかかるコストは無駄にしても、ECならアマゾン。そして、アマゾンプライムに囲い込みたいとの思惑が窺えます。

アップルと同じく、アマゾンを使ってもらうことで溜まっていくデータを活用することで、さらに顧客ファーストなサービスを提供する。たとえば、より精緻なレコメンデーションの提供などです。結果として、ECの売り上げはさらにアップするはずだからです。

一方、すでに展開している保険サービスの手数料については、現時点では自社の従業員のみの提供にということもあってか、有料としています。ただしこれから先、一般ユーザーにも保険サービスを提供していく際には、不透明なところがありますが、おそらく一般の保険料よりも若干安い程度の料金設定にするのでは、と予測しています。

アマゾンに限らず、手数料ゼロの金融サービスを同じような小売業者が展開していくことも、これから先のトレンドと言えるでしょう。実際、日本でもイオン銀行の良い顧客が、イオンの商品を購入すれば、割引率が増すようなサービスが始まっています。

「手数料0円」の金融サービスで既存の銀行に攻める

グーグルは先述したとおり、アップルやアマゾンが参入しているから自分たちも金融サービスを手がける。そして当然、アップルやアマゾンが手数料無料としているから、右に倣えで、こちらも同じく無料にする。このような思惑が前提としてあります。

一方で、金融サービスで得たデータを活用することで、業績を伸ばすようなこともしっかりと考えていると思います。というのも、グーグルの利益の大半は広告収入です。グーグルの広告ビジネスの仕組みは、ご存じの方も多いと思いますが、広告を掲載したら○○万円というシステムだけではなく、クリックされて初めて課金される広告が多いです。

そのためどのユーザーにどのような広告を出すかが、ビジネスでの肝となっています。選定のアルゴリズムに金融データが加わることで、よりユーザーにマッチした広告に高まる可能性が強いからです。

富裕層であることが分かったユーザーには、高額の商材を広告する、といったロジックです。もちろんその逆、一般的な収入の人に対しても同ロジックは使えます。

仮にこのような新たなアルゴリズムにより、クリック率が1％から2％に増えただけでも、利益はシンプルに考えれば倍近くになります。そして、グーグルの広告収入は莫大ですから、いかに大きく業績を伸ばすかは明白です。

フェイスブックの思惑は、アップルとグーグルとを足したような感じでしょう。まず、iPhoneと同じように、さまざまあるSNSの中で特に最近話題になっている音声SNS、クラブハウスなどにフェイスブックユーザーが流出しないために、ユーザーがフェイスブック内で多様なサービスが受けられるようにする。その一つとして、金融サービスを提供していくとの考えです。

グーグルと同じ、と説明したのは、フェイスブックも広告収入がかなりのボリュームを占めているからです。つまり、できるだけ多くのユーザーに使ってもらうために、その施策の一つとして、手数料無料の金融サービスを提供していくと私はみています。

一方で、手数料無料の内容とは相反しますが、手数料無料ではない金融サービスも視野に入れているのではないか、とも思っています。ディエムによる法人間の海外送金です。メッセンジャーを使った送金はあくまで個人間に限られているサービスであり、こちらにおいては従来どおり、無料でサービスを続けていくでしょう。

一方で、ディエムの運用が正式に始まった際には、オンラインで事業を展開する法人向けの国際送金事業に参入するのではないか。そして、現在の海外送金サービス、「Wise（ワイズ）」（TransferWiseが2021年2月に社名・サービス名を変更）のようなサービスよりもはるかに安い金額（手数料）で提供しよう、そのような戦略です。

法人の国際送金は金額の規模が大きいですから、次のビジネスの柱になる。そのようなことまで考えてディエムを開発している可能性は大いにあるでしょう。ただしディエムは詳しい内容が公開されていませんから、同サービスも含めフェイスブックならびにディエムの動きについては、これからも注視していく必要があります。

GAFAだけでなく、他の7社のベンチャーについての動向も補足しておきます。これらのベンチャーが手がけているサービスは、これまでの銀行にはないサービスだから有料で問題ない、と説明しました。

この動きにおいてもベンチャーそれぞれで、トレンドというか特徴があります。たとえば唯一の中国企業のアント。先のＧＡＦＡの内容に準じれば、巨大なアリババグループの一員ですから、決済手数料で儲ける必要はないわけです。

にもかかわらず、アントはあえて手数料を取っている。ここがＧＡＦＡの思惑とは大きく異なっています。おそらく彼らというよりもアリババグループ的には、グループだけではない電子決済事業が巨大な利益を生み出すことを予測していたのでしょう。だからあえて子会社として分社化し、ＩＰＯまでさせようとした。

そして決済やローン事業のノウハウをアリババグループだけでなく他の企業とも組み合わせることで、より利益を得ようと。結果、アリババグループはさらに強大になる。このようなＧＡＦＡとは相反する戦略が窺えます。

一方で、アメリカ企業のペイパルやストライプはＧＡＦＡと同じように、手数料無料の世のトレンドを加味し、現時点では有料の手数料をこれからは提携などを通じて無料に近くすることを画策していることは、十分に考えられます。

あるいは、足りていない相乗効果のある事業を買収するのか、アマゾンのようなコングロマリットなグループ企業の傘下に入ることで、無料でサービスを提供する。このような動きも十分あり得るでしょう。

日本の証券会社が二分される

２０２５年の未来では、証券会社は大きく2つのタイプに分かれているでしょう。ロビンフッドのようなネット完結型が一つ。もう一つは、従来からある銀行や証券会社の窓口で、リアルに人と人が対峙《たいじ》して株や投資信託の売買を行う、レガシーモデルです。

ロビンフッドは規制にうまく適合できれば日本にも進出しているでしょう。すると、何が起こるのか。これは前回の本で紹介したとおり、アメリカで起きている証券業界の様相を大きく変えた動きが日本でも起きます。

アメリカのネット証券最大手のチャールズ・シュワブは、手数料無料化を２０１９年10月に発表しました。その後、他のネット証券会社も手数料無料と続いたように、日本のネット証券会社も手数料を無料にしなければ淘汰される。手数料無料はトレンドというか、生き残るための必須条件となっていくからです。日本のＳＢＩ証券も２０２１年４月には25歳以下は手数料無料を発表しました。

一方でスマートフォンの操作も含め、ネットやオンラインでのやり取りに馴染《なじ》みがなかったり、不安に思っている高齢者は多いですから、他の銀行サービスと同様、このような利用者のために一部、従来の店舗でのサービスは残るでしょう。ただし当然パイは少ないですし、時間の経過とともに縮小していくことは言うまでもありません。

ロビンフッドはなぜ、無料でサービスを提供できているのか。これまでにないサービスを生み出しているからです。具体的には金融用語で割当、配当を意味する「アロケーション」という手法です。

ロビンフッドは証券会社から株を購入しています。当然、証券会社としては自社から購入してもらいたいですから、その分の割当フィーをロビンフッドに支払う。これが、彼らの収益源のメインです。

ロビンフッドがユニークだと思うのは、すでに膨大なユーザーがいますから、広告などを打てばかなりの収益が見込めるのに、やらないことです。おそらくロビンフッドの理念であるゲーミフィケーションを体感するのに、広告は不要だと考えているのでしょう。それよりも信用取引も使える有料プランなど、顧客体験の向上を目指している。

ゲーミフィケーションの理念をUX／UIに実装することで、若者からの支持を一層集めていく。アメリカがそうであるように、これから先日本でも、ロビンフッドを使って投資をゲーム感覚で行う若者が増えていくことは間違いないと私はみています。

さらに補足すれば、かなりの額のキャッシュが溜まっているでしょうから、そのキャッシュを資産運用しているとも思いますし、ローン収入も伸びていると考えられます。

米ソーファイ　学生ローンを劇的に安くする驚きの仕組み

手数料0ではありませんが、従来の手数料に比べ大幅に利率を下げたことで、急成長。これまで銀行が行ってきた各種ローン事業を破壊する勢いのユニコーンベンチャーが、アメリカの「SoFi（ソーファイ）」です。

アメリカの大学の授業料は、日本に比べるとはるかに高額です。加えて、日本では実質無利子、無担保でローンを組むことのできる「あしなが育英会」などの制度や団体がありますが、アメリカには多くなく、あったとしても奨学金の枠は限られています。

そのため一般的な銀行の学生ローンを組むしかなく、当然ですが、借りる額が高額なため返済できない人もいます。必然的に利率が10％以上と、日本と比べると信じられないような設定になっています。

高額かつ高金利のため、実際にローンを支払えない学生や、学費を支払うために無理をしてでも高収入を得られる企業に勤める必要があるなど、学生にとっては不満の多い状況がありました。

2008年に起きたリーマンショックで学生ローンの審査や融資が、より厳しくなったのでしょう。このような状況に不満かつ危惧した人物がいました。当時、スタンフォード大学の学生だった同社の創業者であるマイク・キャグニー前CEOです。同氏は母校の卒業生などに声をかけ、約40名の卒業生から総額約2億1000万円の資金を調達します。

そして、得た資金を学生の授業料として貸し出す学生ローン事業をスタートさせます。正確には、それまで銀行から高い金利で借りていた学生に、低い金利を提示することで、乗り換えを提案しました。

ソーファイが提示した利率は約6％と、銀行の学生ローンのおよそ半分であったことはもちろん、キャグニー氏の理念に共感した当初100名ほどの学生が、それまでの銀行ローンからソーファイの学生ローンに乗り換えました。

本書でも紹介しているように、近年、旧態の銀行ではなくネットで完結するローンサービスを提供するベンチャーは次々と登場しています。しかしその中にあって、なぜソーファイが急激に成長していったのか。理由は大きく2つあります。

1つ目は、おそらく当初は自身の後輩や知人などがスタートだったのでしょう。つまり、融資対象を将来高収入が得られる職業に就く可能性の高い高学歴な学生に絞ったのです。

そして2つ目に適切に返済してもらえるよう、就職支援やキャリア支援サポートを行うことで、貸倒率の軽減に努めます。その結果、一般的な銀行の学生ローンよりはるかに利率の低いサービスを実現したのです。

ソーファイは学生ローンでの成功を礎に、住宅ローンなど一般、個人向けのローンサービスにも着手していきます。そして次々と業界の壁を越えていき、事業をコングロマリット化。現在では本書に登場する11社がまさに手がけているような、ネット上での株式や仮想通貨の取引ならびに、各種決済サービスにも進出するなど、フィンテックベンチャーとして急成長しています。

そして2021年1月7日、ニューヨーク証券取引所に上場を発表しています。評価額は86億5000万ドル。日本円で約8980億円。大型の上場です。上場では同項のテーマの手数料にもこだわり、従来よりはるかに安い手数料で上場を果たそうとしています。

ＩＰＯの手数料で儲ける方法に激震

ソーファイが利用した上場手法も、従来の上場手法であるＩＰＯを破壊、つまりＩＰＯで収益を上げていた投資銀行や証券取引所を淘汰するトレンドと言えます。

手数料の具体的な削減率は、アメリカの場合は約６％から１％ほどにまで下がります。時価総額が1兆円の企業を例に挙げれば、以前であれば調達額を１０００億円として、60億円もの手数料を得ていたのが、これからは10億円になり、50億円もの手数料を失うことになります。

以前から６％は高すぎると、投資関係者からの声がありました。またＩＰＯを実現するための準備や期間の長さについても、企業サイドから同じく不満が上がっていました。

ＩＰＯの準備で行うコーポレートガバナンスの作成やその他各種ルールの整備、反社会的勢力の有無の確認などは、証券取引所に上場するためには必要な慣習でした。

代表的な例が、機関投資家に向けて行うロードショー（プレゼンテーション）です。一昔前であれば、上場を控えた企業の詳細やグロースの可能性について深く知る術は、確かにロードショーなどの機会でしかありませんでした。

しかし現在では上場前に、すでに有名ベンチャーとして名を馳《は》せている企業が多くなってきています。業務内容や成長性、株式公開後の市場価格なども、おおよそ予測されています。つまり対面でのロードショーは一部の投資家向けであり、相対的に価値が下がりつつあります。

このような背景から、ソーファイに限らずベンチャーの間は「ＳＰＡＣ（スパック）」という上場方式を採用するのがトレンドとなっています。実際、アメリカで２０２０年に上場を果たした企業のおよそ半数が、ＳＰＡＣによる上場です。

ＳＰＡＣの詳しいスキームは割愛しますが、Special Purpose Acquisition Company の頭文字を取った言葉で、日本語に訳すと「特別買収目的会社」。ペーパーカンパニーを事前に作っておき上場後に合併させることで、これまで大幅にかかっていた準備期間や経費を削減します。

ＳＰＡＣ自体は以前からある手法ですが、日本では認められていません。日本では２００８年に検討し見送った経緯がありますが、２０２１年において再度導入検討がなされています。

ＳＰＡＣもそうですが東証のレガシーシステムなど、日本の金融環境は世界のトレンドから見ると、かなり遅れていると言わざるを得ません。その結果、海外企業が多くは日本では上場しない状況があります。

これは私がアメリカに住んでいて、ふだんから現地の企業関係者とコミュニケーションしていると伝わってくる危機感でもあります。金融都市としての日本のプレゼンスは、落ち続けています。

逆にグローバルのマーケットはますます勢いづいています。昨今のトレンドに沿ったシステムやルールの整備を進めているからです。中でも香港や上海をはじめとする中国の証券取引所は国内の需要で勢いがありますが、米中の対立により、日本のマーケットが果たす意義は大いに余地があります。

もう一つ、上場に関して補足しておきます。現時点では上場という仕組みがなくなることはないと思っていますし、上場は意義があると考えています。しかしシリコンバレーのベンチャーの中には、ＶＣから多額の資金が調達できる背景などもあり、あえてリスクを冒す早期の上場の意義を疑問視する声も上がっています。

そのため２０２５年よりもっと先の未来では、資金調達のためだけに通常の上場プロセスを経て株式を取引所に上場して証券会社が売買を行うというスタイルは、すでに過去のものとしてなくなっている可能性も、ゼロではないと言えます。

銀行の3つの収益源のうち1つはなくなる

釈迦《しゃか》に説法な内容ではありますが、読者の中にはこれからバンカーを目指す若者もいると思いますので、改めて銀行の収益源を紹介します。銀行には金融ニーズ（預ける、借りる、管理する、増やす、決済する）と非金融ニーズ（アドバイス、マッチング、情報提供）があり、それぞれに消費者向け・大口向けがあります。大口向けは技術が変わることによって（たとえばブロックチェーンなど）これまでのシステムが一新される可能性を秘めていますが、本書では分かりやすい消費者向けを中心に紹介します。収益としては年度にはよりますが、一番大きいのはおよそ半分の売り上げを占める、貸出業務、ローンサービスです。

次に大きいのが約30％の手数料事業。続いて、お客様からの預金を銀行自らが国債などを購入し運用する自己勘定です。運用のパフォーマンスがいい時期もあれば悪い時期もあります。

しかし後者の手数料は、これから先はなくなると思いますし、銀行は相対的にローン事業にテコ入れすることが重要になるでしょう。

自己勘定も国債と預金金利の金利差により、昔は利益を得ることができました。しかし、銀行が預金を活用して購入する国債の利率も低下している昨今、これまでのように利ざやで稼ぐことが難しい状況があります。

手数料に関してはまさに、本書で紹介しているようなさまざまなフィンテックカンパニーならびにサービスの台頭で、手数料を取ることが難しくなっていくからです。至極当然のことですが、同じサービスを受けているのに一方で手数料0円、一方で手数料数百円もかかるのでは、ほとんどの人が前者を選ぶからです。

手数料にはさまざまな種類があります。一般的なのは、ATM利用手数料や振込手数料です。ただ振込手数料はくせ者で、個人同士の手数料だけでなく、法人が従業員の給料を各人の口座に入金するたびに取られていることは、一般の人にはあまり知られていません。

今でこそ、法の改正が見込まれていますが、これまでは給料は現金か振り込みという制限がありました。電子マネーにそのまま反映することができなかったのです。

多くの銀行では、振込回数が一定以上になると手数料を乗せるのが旧態の流れというか、ルールであるため、大企業においては毎月、従業員に給料を支払う際に多くの額の手数料を銀行に支払っています。

学費の振り込みについても、わざわざ銀行で専用の用紙を作成し、その用紙でないと振り込めないような仕組みになっているケースも多く見られます。そして専用の用紙を利用しているのにもかかわらず、それなりの手数料を取られる。

手数料で稼ぐことは、業界の慣習であり、旧態依然のビジネスモデルです。そして自己変革できなければイノベーションのジレンマの事例として、まさしく本書のテーマのとおり、新しいサービスや世の中のトレンドにより、淘汰されていきます。

投資信託の購入や売却時にかかる各種手数料も、時代にマッチしているとは言えません。大抵は毎年2％ほどの手数料が設定されていて、さらに販売手数料をサービスを提供している銀行などに支払っています。

銀行の説明では、アセットを運用している人のコスト、つまり人件費とのことです。しかしVCやヘッジファンドのように自らの判断で投資先を選び、多額のお金を投資し、成果報酬をメインとする厳しい環境のもとで運用を行っている世界とはまた違います。

対象企業の成長によるリターンこそすべてであり、そこを見極めるのが、VCやファンドマネジャーの腕の見せどころです。ところが投資信託の運用担当者は、成果報酬ではないことが多く、儲かっても、損をしても劇的には変わらない給料で、首にもならないので何としても利益を出そうとする動機が少ないのです。そこに約2％の手数料が毎年入るのならばなおさらです。出資者と運用者の利害関係が一致していないのです。

最近は日本でも投資が浸透したこともあり、特に若い人を中心に手数料はおかしいと考える人が増え、ETFなどの手数料が安い投資商品をラインナップする銀行が増える傾向もあります。一方で、いまだに従来どおり2％の手数料を取る。それでいて、パフォーマンスの悪い商品を扱っている証券会社も実際にあります。

手数料で儲けることしか考えていなければ売買を頻繁に、いわゆる回転売買に近いかたちでお客様にすすめたり、商品の内容は二の次、とにかく販売することに注力する姿勢になります。つまりお客様に本来の価値・サービスを提供できていないことになります。

当然、これらの銀行は淘汰されます。本書で紹介しているような各種フィンテックならびにベンチャーの登場で、手数料無料もしくははるかに安い金額で、同様のサービスが利用できるからです。

たとえば、日英の財務省やウォールストリートでの金融ビジネスのキャリアを持つ、柴山和久氏が開発したロボアドバイザー「WealthNavi（ウェルスナビ）」。手数料は1％とやや高いようにも思えますが、それでも旧態の手数料の半分ですし、何より彼らは投資に詳しくない人でもスマートフォンにいくつかの項目を入力するだけで、簡単に自動で売買して投資が行える。そのようなユーザーサイドに立った良心的で、ニーズに合致したサービスを提供しています。

手数料、自己勘定。この2つの業務の利益が少なくなった銀行はどのように生き残ればいいのか。詳しくは第2部第1章で述べますが、ローン事業を進化させる必要があるでしょう。ただしローン事業は本書でも紹介しているように、先端テクノロジーを導入したAIによる審査などを行うフィンテック企業が数多くいます。

そのような企業よりも高精度で、かつ金利が安い商品やサービスを設計することができるか。いくら大企業といえども商品の内容が悪ければ、これから先の未来ではお客様から選ばれることはありません。

銀行はこのままではＩＢＭと同じ変化に直面する

既存銀行が持つ現在のレガシーシステムやサービス。具体的には、全国各地にある膨大な数のＡＴＭから、同じく膨大なボリュームのお金を預かり、その出し入れの手数料や運用時に生じる各種手数料で儲けることは、これから先の未来ではほぼなくなるでしょう。

つまり少し前では銀行の優位点と見られていたＡＴＭ網や預金量といったアセットが、このままこれから先の未来でも優位性を持ち続けることは難しいのです。

では、銀行はどのようなサービスで生き残ればよいのか。メガトレンドのもう一つ、データを蓄積していき、得たデータを生かした新たなサービスを、まさに私が本書で紹介しているベンチャー企業のように展開する。単独で難しい場合は、そのようなベンチャーと協業してもよいでしょう。

実際、すでに動いている銀行もあります。みずほ銀行がソフトバンクと合弁で設立した「J.Score（ジェイスコア）」という銀行ならびにサービスです。

ジェイスコアはいわゆるローンサービスを提供していますが、従来のような対面型ではなく、審査から入金まですべてネットで完結します。具体的には紹介してきた11社のように、申込者のさまざまなデータを集め、ＡＩが瞬時に与信を判断、その上で最適な資金額や金利を提供します。

日本初のＡＩスコア・レンディングサービスとの触れ込みですが、同社のアルゴリズムは、先に紹介したアントが開発した「セサミスコア（セサミクレジット）」のスコアレンディングからヒントを得たものであり、中国では「芝麻信用（ジーマしんよう）」と呼ばれています。

ジェイスコアのようなローンサービスは、アファームのようにお金や人だけでなくあらゆるものに広がっていくでしょう。つまり日本の銀行でもアファームのようなローンサービスを提供していく動きがトレンドになると、私は予測しています。

そしてこのようなローン事業を個人から法人にも展開することで、法人向けのコンサルティングサービスを併せて提供する。銀行が生き残るためには、このような事業モデルにシフトする余地があると考えています。

金融業界ではありませんが、以前にも同様の動きがありましたので紹介します。IBMです。彼らはメインフレームという巨大なコンピュータを持っていて、そのアセットを武器に、快進撃を続けていました。銀行に置き換えれば、膨大な預金量と言えるでしょう。

そしてまさに今、トレンドに乗り遅れている銀行と同じように、その巨大コンピュータから生まれるサービスや利益に固執していたために、新しいトレンドに乗り遅れてしまいました。クラウドやAIです。

IBMは、巨大コンピュータビジネスで稼いでいるうちに、新たなサービスラインを生み出し、あるいは同分野に強い企業と協業もしくは買収するなどして、着手するべきでした。しかし、彼らはできなかった、遅かった、とも言えるでしょう。その結果、業績は見る見る悪化。一時期は企業の存続が危ぶまれる、危機的状態にまで陥りました。

しかしIBMは崩壊しませんでした。ルイス・ガースナー氏というトップを迎え入れ、コンピュータメーカーではなく、コンサルティング企業へ変化することを決めたからです。それほど大成功したわけではありませんが倒産という最悪の状況は脱した、正確には延命しました。

銀行もいつまでも過去のレガシーに縛られていると、IBMと同じ試練に遭遇する可能性があります。

IBMの事例については、CEOとして瀕死《ひんし》状態のIBMに乗り込み、一時的ですが再建を果たした同氏の著書『巨象も踊る』で詳しく紹介されていますので、興味がある方、危機感のある行員の方は読んでみるといいでしょう。

テクノロジーカンパニーが銀行を持つ

テクノロジーカンパニーが銀行を持つ。正確には従来の銀行が行っていたような金融サービスの機能を、スマホ完結で実装する。これも、メガトレンドの一つです。

このトレンドは本書に登場する11社はもちろん、その他の企業でも、特にネット完結、デジタル関連のサービスを展開している企業において進むと私はみています。

そして最終的には多くのテックカンパニーが、デジタルバンクを設立するトレンドが生まれるでしょう。

理由は大きく2つあります。

1つ目は、すでにここまで読み進めていればお気づきだと思いますが、現在、特にデジタルサービスを提供しているテクノロジー企業にとっては、銀行はあくまで受け皿でしかない、ということです。

もう一つの理由は、その受け皿を自前でこしらえることは、テクノロジーカンパニーにとっては難しくないからです。ロビンフッドがいい例です。また、シンガポールではデジタル銀行のために免許を発行していますから、さらにハードルは下がります。

ロビンフッドはデビットカード（国際キャッシュカード）も発行しています。しかもこれらの利用手数料も、株の取引と同じく無料で提供しています。

ロビンフッドのデビットカードを使う際、当然、銀行に口座を設ける必要はありませんから、銀行は淘汰されます。そしてここからがポイントですが、ロビンフッドの口座に入金されたキャッシュは、銀行や証券会社の口座と同じように、資産運用を行っています。

まさに、銀行が行っているのと同じサービスです。しかもその金利は一時、物議を醸しましたが3％を打ち出したことがありました。銀行や証券会社なども同様のサービスを行っていますが、ロビンフッドの金利の方が明らかに高い。しかもその後のディールにおいても、手数料は無料です。ユーザーがどちらを選ぶかは明白でしょう。

おそらくロビンフッドは、ローンサービスや各種公共料金の支払い、保険サービスなど、お金に必要なサービスをこれからますます提供していくでしょう。まさにコングロマリット、垣根を越えたサービスを、ロビンフッドとしては特に意識することなく、ユーザーの利便性を考えて提供していくと考えられます。

しかし傍《はた》から見れば、ロビンフッドが提供しているサービスは、まさに従来の銀行サービスそのものであり、「ロビンフッド＝金融のワンストップサービス」と位置づけても、何ら違和感はありません。

視点を変えると、自社で銀行（あるいは銀行機能）を持っていた方がユーザーを囲い込める、との見方もできます。先に説明したように、ＧＡＦＡが金融サービスを提供している理由です。

つまりテクノロジーカンパニーにとっては、銀行はインフラではなく、あくまでツールなのです。そして、持っておくべき必須のツールでもある。そのためこれから続々と、デジタルバンクを備えたテクノロジー企業が登場してくると私はみています。

第3章

11社が銀行業界に起こすメガトレンド②

預金量よりもデータを持つ銀行が未来を制す

いまだに預金量で競い合う日本の銀行

日本の銀行で最も多くの預金量を誇るのがゆうちょ銀行です。金額は約180兆円。次いで、三菱UFJ銀行で、約153兆円。みずほ銀行が120兆円、三井住友銀行が約116兆円と続きます。このようにメガバンクの預金量を合計すると、日本の1年の国家予算よりも多くのお金を保有していることが分かります。

これだけのお金を保有していることは、確かに長い歴史が積み上げてきたものだと思いますし、メリットであることは間違いありません。ただしそこから先の姿勢といいますか、ビジネスモデルをどう進化させるかというビジョンが日本の銀行の多くは不明瞭のように見えます。先述した、これからの伸びしろこそが重要との思考です。

われわれはこれだけの預金量を持っている。そしてこの預金量のおかげで、毎年数千億の利益を生み出している。だから優良企業だと。地銀ではこのような思考はないかもしれませんが、メガバンクにおいては、いまだにこのような思考を聞くことがあります。

もう一つ、預金量を多く持っていることが、なぜ、市場から評価されなくなったのか。特にベンチャーなどは、画期的なサービスやそれを実現するデータを保有していれば、お金は大規模に用立てできる時代になったからです。ＶＣやベンチャー投資家の存在です。借りようと思えば特定の事業会社からも借りることができ、利率も以前と比べるとはるかに低金利です。このようなトレンドからも、預金量だけでは差別化要素にはならず、市場からそのままでは評価されないのです。

実際、フィンテックベンチャーの中には借りたお金を自社で構築した効率的なローンサービスに回すケースも見られます。そして当然、お金の流れも含めたこのようなビジネスモデルであっても、しっかりと利益を出しています。

話が少し逸《そ》れますが、預金量に注目している姿勢は他の事象でも見られます。メディアでも取り上げられ、書籍にもなったのでご存じの方も多いでしょう。みずほ銀行が19年の歳月、４０００億円以上の資金を投入した巨大な銀行システムが、ようやく完成したと。

書籍では「サグラダファミリア」という枕詞《まくらことば》が使われていましたが、それだけ先が見えないプロジェクトでした。多大なコストをかけて作られたシステムですから、埋没コストを無視できないといいますか、たとえばクラウドのような画期的なシステムがこの先出てきたとしても、システムを使い続けるとの選択をすると思うからです。言い方を変えると、変えられない。仮にシステムが最良のサービスでないとしても、です。

もう一つ、膨大な預金量の約70%は高齢者の預金です。そのため相続によっていずれ縮小していきます。このようなことを鑑みれば、預金量に注目し過ぎることはいかにリスクが高いかが分かると思います。

データがあれば、ローン金利を安くできて、リコメンデーションもできる

キャベッジのような、安い金利でローンを提供できるのもデータのおかげです。

これまでのローン金利というのは、実はそれほど精緻な情報やデータを基にしたものではありません。端的に言えばざっくりと、他銀の情報やこれまでの経験を基に決めていました。そのため当然ですが、それなりの確率で貸し倒れが起きていました。

たとえば10社の会社に年利10%、5年返済で1000万ずつを貸すとします。単純化のために5年後にまとめて返済すると仮定します。貸し倒れがなければ5年後には合計50

00万円の利益ですが、10％の企業が倒産するとします。すると実質の利益はマイナス1000万円で、合計4000万円となります。あるいはもう少し倒産率が高い地域であれば、利率を高く設定し貸し倒れによる損害を防ぐことは十分あり得ます。

対して、会社のこれまでの正確な業績はもちろん、所在地、従業員の属性などあらゆるデータが取得できれば、この貸し倒れの損失を減らすことができます。逆に言えば、きちんと返せる人にしか貸せない。当然のことなのですが、融資判断が的確になります。

その結果、10％を9％に下げても、貸倒率が下がっていたら銀行の利益は変わりません。結果、銀行にとってもお金を借りる側にとってもハッピーになるわけです。これが、データの力です。情報の非対称性をテクノロジーで解消する一つの例です。

データを活用したローンには、これからますます多様なサービスが普及していくと思いますから、事業ローンの効率化や多様化も、一つのトレンドと言えるでしょう。

当然ですが、データを基にローンの貸倒率や金額を決めることができれば、これまでのように人が行う属人的なものでなく、統一したアルゴリズムでAIが自動で行うことができます。そしてこのような傾向は、ますます強くなっていくでしょう。まさに、アマゾンやアファームが提供している保険サービスです。

銀行はなぜ、重要な役割を持つデータをこれまで持とうとしなかったのか。法律にも原因があると私は思っています。銀行法です。以前の銀行法では、銀行は銀行業務以外を手がけてはいけないと、明確かつ厳格に規定されているからです。その結果、銀行は民間企業であるにもかかわらず、まるで公務員のようなガチガチの、言ってみればお役所的なサービスや思考が自然と身に付いてしまったからです。

このような縛りや風潮は徐々に緩和されていますが、それでもすべて自由というわけではありません。そういった観点からもなかなか現実問題として、おそらく銀行サイドとしてはどこまでが自分たちが行ってよいサービスや業務なのか、線引きが難しいのです。

個人情報に対する懸念なども、データを積極的に活用していない理由の一つではないかと。データを活用すること自体は、匿名化をすれば特に問題はありません。現に、本書で登場するような企業は持っているというレベルではなく、データを基に新たな金融サービスを次々と生み出しているのですから。

アメリカやシンガポールでは日本の銀行法ほどの厳しい縛りはありません。そのためフィンテックベンチャーはもちろん、ＪＰモルガン・チェースなどのメガバンクもいち早くデータを活用した、新たなサービスラインを構築していくことができたのです。

4年後以降は、デジタル通貨の世界に

デジタル通貨について、補足したいと思います。

まずは改めて、通貨を発行している中央銀行の役割について。物価の安定ならびにその先の経済発展、そして国民を豊かにすることです。

この目的のために経済が不安定になったり、不景気に陥った場合に、中央銀行自らが通貨を発行して、供給量をコントロール。そうして経済の安定を図っていたわけです。このような背景から、フェイスブックのディエムをはじめとするデジタル通貨といった類いの参入に、猛反対していた経緯があります。

しかし現代において、物価を安定させる最適な手段が通貨の発行量を調整することだけなのか、との疑問があります。それだけでいいのでしょうか。他にもやるべきことがあります。それは通貨を現金ではなくデジタルにすることこそ、現時点で見えているテクノロジーでは最良の策だからです。

現金は特にセンサーなどが内蔵しているわけではないため、発行時こそ量は把握できていますが、そこから先、社会で流通するようになったら、どこでどのように使われているのか、どこにどれくらい保有されているのか、データの補足や把握ができません。

もちろん中央銀行も把握をするために消費者の物価をモニターし、消費者物価指数を毎月作成していますが、このレポートのデータは人的な調査によるものです。つまり、先述した銀行が行っている与信やローン審査と同じで、効率化されていないデータなのです。

対して通貨をデジタルに置き換えれば、プライバシーには配慮しながらどこでどのような属性の人がいくら使ったのか。○○業界はどれくらいの資産を持っているのか。△△レストラングループは、今月は儲かっている。そのようなことが、アンケートなどの労力を使うことなく、そして正確に把握できるのです。

私はよくお金を血液に例えます。お金は社会を循環しなければ経済は活性化しません。中央銀行の役割に重ね合わせれば、どこがネックとなり動脈硬化が起きているのか、あるいは、これから起きそうなのか。そのような対処ならびに事前予防が、デジタル通貨であれば的確かつスムーズに行えるのです。

今回の新型コロナで被害を受けた飲食店への各種補償業務は、まさに一つの例です。事業者が慣れていない書類に、決算内容を書き込み申請するような苦労は必要ないからです。

デジタル通貨が流通していたら、的確かつ瞬時に、困っている事業者に給付金の支給がより早く行えたからです。中には申請が難しかったり手間との理由で、諦めた人も少なくないでしょう。そしてリアル通貨ならではの問題、自己申告による申請だったために、不正や詐欺のような事件も起きました。

このように、通貨を現金からデジタルに置き換えることは、大いにメリットがあるのです。政府や中央銀行もこのことに気づいてきており、フェイスブックのディエムに関して対話するなど、各国でデジタル通貨を発行しようとの動きが活発になっている。これが、デジタル通貨におけるトレンドです。

中国がいち早くデジタル通貨を導入する理由

イギリスと日本では2020年の末から動きが活発になり、日本の中央銀行では2021年中にデジタル通貨の実証実験を行うことを発表しました。おそらくイギリスも同じような動きだと推測しています。

一方で中国では、すでにデジタル通貨を試験的に発行しています。それも数百万人という規模の国民に対して。先に紹介したアントのアリペイや、中国のメッセンジャーアプリウィーチャットの決済サービス、ウィーチャットペイなどのプラットフォームが使われています。

中国がいち早くデジタル通貨を導入したのは、2022年の北京冬季オリンピックに合わせ世界におけるデジタル通貨の先駆者となることで後塵《こうじん》を拝している人民元の価値を高めようとしているからです。特に、世界で一番信頼され使われている米ドルに対する意識はかなり高いでしょう。

現時点での外国為替の決済高のポジションは、米ドル⬇ユーロ⬇日本円であり、人民元はそれより少ないという位置づけです。そこで中国はデジタル人民元を広めたいために、しばらくの間はデジタル通貨を20%安く購入できます、といったキャンペーンを打つことが考えられます。日本で〇〇ペイが出始めた当初、各社がこぞってキャンペーンを実施することで、顧客を囲い込もうとしたのと同じ動きです。

中国は特にアフリカやアジア地域で幅広くビジネスを展開しています。巨額のお金が動くインフラ工事なども受注しています。そこで働く人なども含めたそのような巨大マーケットでデジタル人民元が使われるようになれば、それこそ一気に広まり、基軸通貨の順位が逆転していく可能性はあるでしょう。

ましてやアフリカでは先進国のように、銀行サービスのインフラが整備されていない地域もいまだに少なくありません。そのため現金で支払うよりも、ネットかつクラウド上で簡便に入出金や管理ができるデジタル通貨の方が、利便性が高いのは明確です。そのようなマーケットに積極的にデジタル人民元を投下することで、流通量はもちろん信頼性を獲得していこうとしているのです。

デジタル通貨へのシフトで一番遅れているのはアメリカです。フェイスブック関係者はおそらく、中国の動きも含めた世界におけるデジタル通貨のトレンドをアメリカ政府に伝え、このままでは中国にデジタル通貨の覇権を握られてしまう可能性があると公聴会で伝えています。そうなる前にディエムを導入しましょうというポジショントークともとれますが、客観的に危機感は持つべきです。

デジタル通貨におけるアメリカの動向を見ていると、既得権益に依存しているためにイノベーションを起こせないジレンマが垣間見えます。

ご存じのように、米ドルは遠く離れた東南アジアの地域でも、最も信頼されている通貨であり、実際に日常の買い物でも自国の通貨ではなく、米ドルで買い物をしている人が大勢います。

しかしこれから先の未来では、これまで手に握っていたアメリカの一ドル札に替わり、スマートフォン内のデジタル人民元で、買い物をしている。このような未来も、このままでは十分あり得るのです。

実際、ウィーチャットペイやアリペイは東南アジアでの利用率も高いですから、アメリカが動きが遅いままであれば本当にこのような覇権の変化が起きる可能性はあると私はみています。

そして中国政府は、次のようなことも考えていると思います。デジタル通貨事業を手がける際には、アリババのクラウドシステムも併せて組み込んでもらおうと。

日本ではあまり知られていませんが、アリババのクラウドサービス「アリババクラウド」は、「アマゾン ウェブ サービス」、「マイクロソフト アジュール」、「グーグル クラウド プラットフォーム」に次ぎ、世界で4番目のシェアを誇っています。

さらに付け加えれば、アリババクラウドから得たデータを、デジタル通貨以外の業務やミッションに利活用することも、十分考えられたでしょう。実際、自国民14億人超のデータを活用しているからです。

データの活用において、トップダウンで決められる中国はアメリカと比べるとかなり大胆な動きができると私はみています。言い方を変えれば、データは使いたい放題、何でも自由に行える体制だからです。

さらに補足すれば、データが使いたくなったら好きなように、いくらでも法改正できる点も強みです。それもコロナの対策のように、瞬時にできてしまうのです。

現金が消えた国・スウェーデン

現金を使うデメリットはまだあります。北欧など寒い国では、現金をトラックで運ぶだけでもかなりの労力かつコストがかかるからです。そのような背景もあり、エストニアでは現金はほぼ使われていません。同じくスウェーデンでも、キャッシュレス化は日本と比べると圧倒的に進んでいます。

スウェーデンでの現金流通残高の対ＧＤＰ比は、１・７％。日本は約20％、ユーロで約

11%、アメリカが約8%ですから、いかに低いかがお分かりいただけるかと思います。実際、スウェーデン人の多くは現金を見る機会がほとんどなく、「現金が消えた国」とも呼ばれているほど、社会全体がキャッシュレス化しています。

スウェーデンの人口は東京と近い約1000万規模ですから、日本やアメリカなど他の先進国と比べるとキャッシュレス化が進めやすいといった背景はあったと思います。しかしそれでも、それほど小さい規模ではありませんから、今後のデジタル化のトレンドとして、見習うべき点は大いにあるでしょう。

当初は、現金の代わりにSuicaのようなカードが使われていました。おそらくその頃にはまだ、今のようにスマートフォンが爆発的に広がり、社会インフラとなるとは想定していなかったのでしょう。しかしそのようなトレンドが分かると、スウェーデン政府は動きます。スマホアプリの開発に乗り出し、実際、2012年にスウェーデンの中央銀行と大手銀行数行が共同で「Swish（スウィッシュ）」というスマホアプリを開発します。

スウィッシュはBankIDという決済認証システムを使ったアプリで、利用者はアプリをインストール後、ＩＤ番号を登録します。すると自動で銀行口座とリンク。あとは買い

現金流通残高の対名目GDP比率

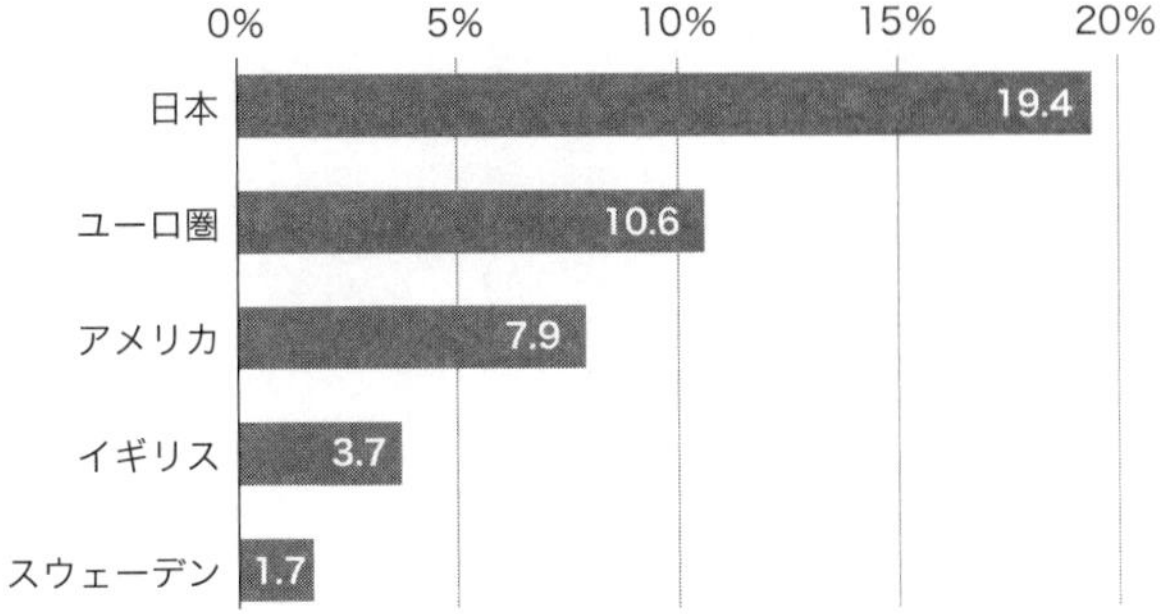

出典：国際決済銀行（BIS）、Skingsley, Cecilia (2016), "Should the Riksbank issue e-krona?" Speech at FinTech Stockholm 2016

物時にスウィッシュを使い、お店や商品の金額を入力すれば、決済が行われるという仕組みです。スウェーデンでは人口の約7割がこのスウィッシュを使い、まさにキャッシュレスな生活を送っています。

スウェーデンを見ていて感心するのは、キャッシュレス化の動きを国が先導して行っていることです。そのため民間の飲食店などでの利用時だけでなく、公的な観光名所の入場料など、まさに街中のあらゆる場所で使えます。

当然、現金を下ろす人は皆無ですから、まさに先ほど私が紹介したトレンドのように、金融機関の窓口ならびにＡＴＭは、次々と姿を消していきました。

脱税やマネーロンダリングといった不正行為

も、現金からデジタルに移行することで、防ぐことができます。決算報告や個人の確定申告などにおいても同様です。各種お金に関する不正を防ぐことができる。これも、デジタル化の魅力です。

「世の中に出回っている現金はどうするんだ?」と異を唱える人がいますが、問題ありません。日本銀行が買い取り、デジタル通貨として還付すればいいだけです。

そもそも絶対的存在のように思える現金ですが、私たち人類の長い歴史からすれば、古い時代の貨幣などを除いては、とても短い。中央銀行が設立されて以降、わずか130年ほどの文化、ツールでしかないからです。

日本銀行ならびに政府は、渋沢栄一の紙幣のデザインは素晴らしいとしても、お札を刷ることを当たり前と考えている場合ではないのです。お金はこれから先の技術でどうあれば最適な存在になれるのかを考えるべきなのです。あくまで取引をするという目的のための手段ですからその取引自体をどのように支援するシステムが最適なのかを発想すべきなのです。その一つの手段がデジタル通貨の発行かもしれません。

「データ×保険」で金融に革命を起こす「ピンアン保険」

データに基づき、各種保険サービスを次々と生み出していくことで、大成長を遂げた中国の保険会社があります。「平安（ピンアン）保険」です。

ピンアン保険は1988年に、社員13名でスタートした小さな保険会社でした。しかしデータを活用することで、現在は1700万人以上のスタッフを抱え、売上高は日本円で約15兆円にまで拡大。GAFAとは異なり、あくまで独立系の企業が、データを活用することでここまで成長できるのです。ピンアン保険の事例は、これからデータ活用を考えている金融サービス会社など、保険会社にとっては、大いに参考になることでしょう。

同社のデータ活用のスキームは、基本的にはアマゾン保険や前の本で紹介したアップル保険と同じです。スマートフォンで個人の属性データを取得したり、日々の生活スタイルのデータを取得することで、人が行うよりもより正確に、安い金額で同等、もしくはそれ以上の内容を保障する商品を提供します。

生命保険、オンラインによるサービス提供がもともとはメインでしたが、次第にオフラインのサービスにも進出し、メディカルドクターの派遣や遠隔診療といった医療サービスも提供。さらに生命保険にとどまることなく、健康保険、年金保険、損保保険にサービスを拡大。現在は、銀行、投資、決済といった包括的な金融サービスを提供する巨大なピンアングループとして、存在感を示しています。

ここまで急成長できた理由は、データを活用したからに他なりません。これまでは保険に申し込む際、病歴や現在の健康状態など、事細かく書類に記入し、提出する必要がありました。場合によっては、新たに健康診断を受ける必要がある商品もあるでしょう。

一方、ピンアン保険ではこのような煩雑な手続きは一切ありません。スマートフォンでちょっとした入力を行うだけで、膨大なデータに基づき、保険の審査をＡＩが瞬時に判断。是非を、すぐに表示します。

住友生命保険が提供している「Vitality（バイタリティ）プログラム」も、ピンアン保険やアップル保険が提供しているサービスと近い、保険のデータ活用という観点から大いに参考になります。

バイタリティプログラムでは、利用者の健康状態や運動の状況により、４つのステータスに選別。ステータスに応じ、保険料が上下します。

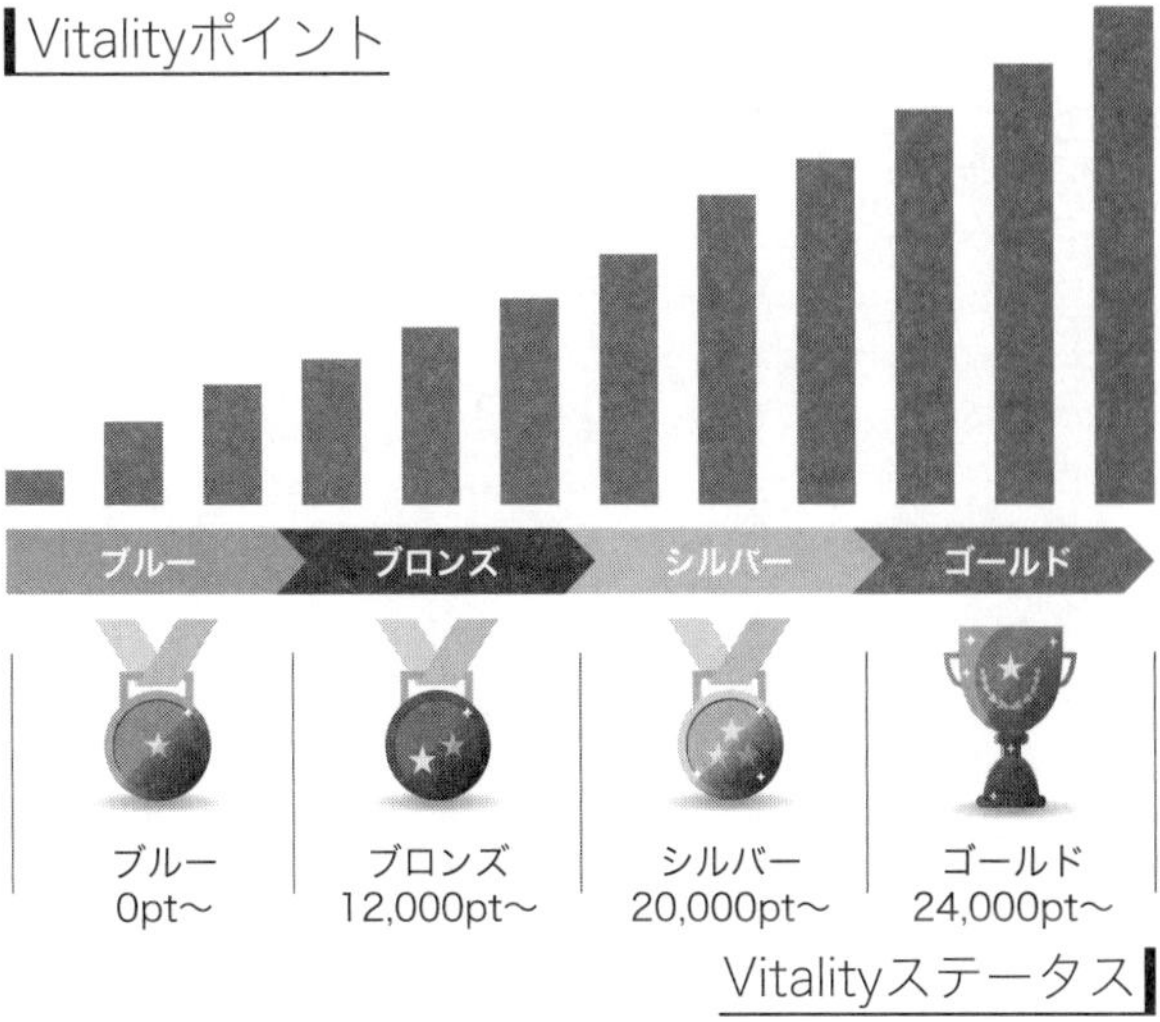

住友生命保険では2019年からスタートしていますが、バイタリティプログラムの仕組みは、かなり以前からあります。南アフリカの金融サービス会社、ディスカバリーが1994年に「Discovery Vitality」として生み出したのが起源です。その後アメリカのボストンにあるジョン・ハンコックという保険会社が採用。ようやく日本にも入ってきた、という流れです。

住友生命保険はプロモーションにタレントのバナナマンさんを採用していますが、運動することでメタボを解消し、健康になる。さらに、保険料も安くなる。そのようなサービスであることを打ち出しているのでしょう。

まさにそのとおりだと思います。バイタリティプログラムは、利用者、保険会社両方にとってメリットの大きいサービスですから、お互いウィン―ウィンになるのです。こういった経済学的に意義のあるデータを活用した同様のサービスは、次々と出てきてほしいと願っています。

自動車保険はあと30％安くできる

銀行の話からは少し逸れますが、保険の話が出たので自動車保険のトレンドについても紹介します。

これまでは自動車保険の金額を算出する際には、走行距離やゴールド免許の有無といった免許のステータス、事故歴、自動車そのものの安全性など、これらの情報を申告者であるドライバーが紙の書類、あるいはインターネット型の自動車保険でも同じく、パソコン上に自身で記入していました。

つまり情報の正確性が、ここでも十分ではありませんでした。特に距離です。年間の走行距離が何万キロなのか、正確な距離を把握しているドライバーはメーターを確認しなければほとんどいないと思えるからです。

さらに言えば、ふだんの運転の状況。具体的にはスピードを出すタイプなのか、逆に、常に制限速度を守るタイプなのか。ブレーキの踏み方は適切か。出だしに急にアクセルをふかしたりしないか。もっと言えば、オイルやタイヤなど消耗品類は定期的に交換しているか、車体のメンテナンスはしっかりと行っているか、など。

自動車ならびに運転状況に関するデータが詳しくかつ精緻に取得できるほど、より詳細な保険となることは明白です。そして今の自動車、正確には1996年以降に製造された自動車にはすでにこのようなデータを取得できる仕組みが備わっています。「OBD2ポート」という仕組みで、もともとは車検に使う仕組みです。このポートにネットワークにつながるIoTデバイスを装着すれば、先述のデータがタイムリーかつ、車から離れた場所でも取得することができます。

スマートフォンのGPSやスマートフォンのカーナビアプリに内製されている、安全運転評価サービスのような仕組みでも、OBD2ポートからのデータほどの正確性はありませんが、そこそこのデータは取得できます。最近では録画機能のあるカメラも搭載した仕組みも出てきました。ましてやＥＶに関しては、このような仕組みは当然、標準で備わります。

前回の本でも取り上げた、テスラがテスラオーナーに提供しているテスラ保険は、まさにこのようなデータを活用した新しいタイプの保険です。テスラ以外でも、アメリカではモビリティ関連のサービスを提供するモジオ、オートマティック、ズビーといったベンチャーが、テスラと同じような自動車保険を提供しています。

ピンアン保険も、同様の自動車保険を提供しています。私自身テスラの自動車保険に入っていますが、一般の自動車保険より同等の保証内容で、20～30％安い金額設定となっています。

自動車保険のトレンドも、先のバイタリティプログラムと同様、正しいことを行っている人が正当に評価されるというロジックですから、ますます増えていくでしょう。

グーグルマップで買い物をする時代がやってくる

グーグルマップが保有できるデータはかなりあると私はみていて、先述した駐車料金サービス以外の分野にも、これから進出していくと考えています。

たとえば、自動販売機がグーグルマップと紐付いていれば、駐車料金と同じように、利用者は特に何かをすることなく、スマホをポケットに入れておき、電源とネットワーク機能さえオンになっていれば購買者を認識し、あとはただボタンを押すだけで好きなドリンクを買うことが理論上はできます。特にスマホで何か操作をすることはありません。

まだ、あります。ショップのレジとの連携です。実現すれば、今では当たり前のように行っている買い物や飲食後の支払いをしなくて済むことになるでしょう。「Amazon Go（アマゾン・ゴー）」のような店が、街中に溢《あふ》れている感覚です。

アマゾン・ゴーと大きく異なるのは、店内に無数のセンサーを設置する必要がないことです。グーグルマップがすべての位置情報ならびに、ネットワークで通信したレジ端末などの情報から、決済してくれるからです。荒唐無稽な未来予測だと思う人がいるかもしれませんが、3D空間やGPS、地図の情報精度の向上を知ると、実現の可能性がイメージできると思います。アマゾンも「Amazon One（アマゾン・ワン）」という手のひらでの生体認証システムを2021年5月に導入しました。これは掌紋を登録することで専用機器に手のひらをかざすだけで認証が行えるシステムです。

グーグルマップの精度は常に向上し続けていて、以前であれば1メートル単位が限界でした。しかし一方で、最新の iPhone 12 Pro では3D空間をスキャンする機能が追加され、1ミリメートル以下という精度にまで高まっています。自動運転のセンサーとしても使われている「LiDAR（ライダー）」を搭載することで、実現しています。

これだけの精度ですから、棚にあるパンをお客様が持っていくことを感知するのは、技術的には十分可能です。当然、グーグルマップ上に表示する在庫データと連動して、その場にいなくても、遠隔地から何かをデリバリーで購入することもできるでしょう。

次のような未来が想像できます。グーグルマップを見ると、あと5分歩けばコンビニがあると分かった。寒いから、温かいコーヒーが飲みたい。マップからコンビニ、コーヒーマシーンとリンクしていき、購入をタップ。コンビニに着いたら、温かいコーヒーが待っている。もしくは忙しいときには有料で電車のホームまで持ってきてくれることも理論上可能です。住所という概念よりもマップ上でピンを立てれば、まだ住所がない場所にもより正確に運ぶことができるからです。「位置情報の共有の再定義」とも言えるでしょう。インドのスラム街など住所が精緻に割り振られていないところはプラスコードというマップ上での位置を活用しています。現在でも似たサービスはありますが、それぞれの事業者が個別に行っています。そこをグーグルマップが、一気にプラットフォームになる可能性があります。事業者にとってはデータを開示することによるデメリットと、売上の機会の獲得のバランスを取るため、どこまで実現するかは競争環境次第ですが、いずれにせよリアルにお金を払う決済は、この先少なくなっていくでしょう。

保険料の支払いはブロックチェーンが担う

保険業界においては、営業や代理店は姿を消していくでしょう。保険に限らず、銀行、証券会社など、いわゆるお客様を獲得している入り口業務を行っている人たちの仕事は、この先の未来では少なくなっていくと私はみています。そしてこのようなトレンドは、コロナ禍で人との接触を控える状況にある昨今、急激に進んでいます。

意外に思う方もいるかもしれませんが、生保、損保に限らず保険の申し込みは一部、ライフネット生命のような完全ネット型のサービスはありますが、一般的には担当営業が紙面を渡し、お客様自身が記入するという古来あるスタイルが今でも行われています。

このような記入フローが合理的ではないことは、多くの人が思っていることであり、現に、コロナ禍の昨今、ライフネット生命は大きく業績を伸ばしていて、株価はコロナ前と比べると一時3倍近くにまで伸びています。

なぜ、このような古くからの仕組みが行われているのか。営業や代理店がフィーを得るからです。そして当然、彼らが獲得するフィーは、私たちの保険料金に手数料として上乗せされています。

ご存じのように、多くの顧客を持つ保険営業は相当な収入を得ていますから、いかにこの手数料が大きいかは明白です。しかしライフネット生命の業績を見ても分かるとおり、これから先はネット、デジタルに移行していき、手数料は無料になるのがトレンドです。まさに、メガトレンドの①です。

保険営業がなぜここまで必要とされてきたのか。入り口業務以外、事故や死亡といった有事が起きた際にその内容を判断し、適切なお金を支払う出口業務もあったからです。

しかし出口業務も、データならびにテクノロジーの力で置き換えることができます。ブロックチェーン技術です。これまでは担当営業が紙ベース、もしくはパソコン内のドキュメントやExcelなどで保存していたデータを、ブロックチェーンに記録します。

すると、いつでもどこでも簡便に、必要な人にはこれまで営業担当者経由でしか見ることができなかった自分の各種契約書類を確認することができます。ブロックチェーンには契約を自動的に実行するスマートコントラクトという仕組みが備わっているため、市役所などの公的機関が死亡や有事の情報をインプットすれば、自動で正確な保険料金を支払うことが可能です。

申請がなかった場合でも対応します。満期が来たら同じく自動で、適切な金額を顧客に送金するからです。おそらく未来では、現時点では医師が書く死亡診断書も、いずれはデジタル化されると思いますし、なるべきでしょう。そして適切にデジタル化されれば、保険の不正受給も減ります。

さらに付け加えれば、死亡データを市役所などのシステムと紐付けることで、本来であれば死亡しているのに死亡届を提出せずに、不正で年金をもらっていた。このような事件もなくなるからです。

銀行業務からは少し話が逸れましたが、データをブロックチェーンに記録し、かつ活用することで、より手違いが少ない社会が実現していくのです。

銀行はライフプランニングを増強すべき

紹介してきたように、ビジネスのスタートからデジタルで、データの活用を当初から事業の根幹のリソースとして捉えてきたＧＡＦＡなどのテックカンパニーに対して、これから銀行がデータを取得して同じようなサービスを提供しようとしても、なかなかシェアを保つのは困難です。クラウドを持っていないためにデータの量はもちろん、データを扱う知識やテクノロジーに関しても、圧倒的にかなわないからです。

では銀行は、データを活用してどのようなサービスを提供していけばよいのか。銀行が生き残る術についてはこの後の第２部でも詳しく紹介しますが、お客様の多くが既存の銀行サービスを利用している今のうちに、銀行にしかできないローン事業にシフトならびに注力すべきだと私は思っています。ローン事業も含めたライフプランニングサービスを、個人・法人であればコンサルティングサービスを提供するのが一つの手段でしょう。

現在もライフプランニングサービスは行っていると思います。しかし従来のサービスでは、それぞれの顧客に担当者がつき、収入や暮らしなどの状況をヒアリング。その上でその人がこの先どうしたいのか、快適な未来を過ごすためにはどれくらいのお金が必要で、そのためにはどのような保険や金融商品で備えたり、節約すればよいのか。商品ありきでサービスを提供していました。

そうではなく、各人のライフステージや思考に合致したサービスを、その人のデータはもちろん、年代別のマクロデータも含めて統合的に判断することで、最適なポートフォリオを提供するようなイメージです。

おそらくこのようなライフプランニングも、一部で提供していると思います。しかし繰り返しになりますが、現時点でのサービスは、あくまで本人からのヒアリングを基に行っている場合が大半です。そのためデータの正確性がそこまで高くない、との課題がまずあります。さらに、担当者が変わったり、お客様が引っ越しなどして利用先の支店が変わったりしたら、またゼロから行わなければならない。

一方でデータがあれば、銀行という一つの組織としてデータ共有の仕組みを整えておけば、その人のライフステージに合った最適な保険や投資商品などのポートフォリオを、正確なデータを基に、特に窓口でなくともどの担当者でも、ましてや人が介在することなくＡＩが自動で算出し、提案できるのです。

つまり、アファームやキャベッジが行っているデータに基づいた各種ローンサービスを、お客様のライフステージと重ね合わせて、提供していくのです。

アメリカン・エキスプレスがキャベッジを買収した背景には、これから先の未来ではクレジットカードの手数料や年会費による収入だけではライバルにかなわないため、同事業は不利になるだろう。そこで、まさにいま紹介したデータを活用するローンサービスを、キャベッジを買収したことでも提供していく。そのような戦略が窺えるからです。

そういった観点では、法人に対してはコンサルティングサービスもよりデータに基づいて提供すべきだと私は思っています。事業者としても、規模によってはこれまで外部のコンサルティング会社にお願いしていたことを銀行が担ってくれればスムーズですし、コスト削減にもつながるからです。

第4章

11社が銀行業界に起こすメガトレンド③

24時間365日開いている銀行が標準に

99％の銀行手続きはアプリで完結

●ネットバンクではなくスマホ完結型のデジタルバンク

金融サービスをスマートフォンで行うことは、テクノロジー的には難しいことではありません。ただし、銀行の運営には銀行法という縛りがあること。そしてこの銀行法が時代に追いついていないため、私がイメージする未来の銀行になる際のネックとなっていました。

いわゆるネット銀行を見ると、銀行法がいかに銀行のサービスを縛り付けているかが分かります。なお本書で紹介してきた未来の銀行のかたちは、正確にはネット銀行で行われるものではありません。スマートフォンで完結するデジタルバンクだからです。両者の違いについて、まずは紹介します。

いわゆるネット銀行は、既存のリアルな銀行をインターネット上に置いただけです。つまり、サービスや仕組み（システム）も、言ってみれば今の銀行の延長線上のサービスです。そのためネット銀行のサービスを拡充しただけでは競争力を持つ未来の金融サービスにはなりませんし、GAFAをはじめとするフィンテックベンチャーに競争優位性を持つことは難しいでしょう。

ネット銀行を使った人であればご存じかと思いますが、イチゴ支店やらキウイ支店やら、何だか愛嬌《あいきょう》のある支店が出てきます。口座を開設する際には、選ぶか、どこかの支店名がおそらく自動で振り分けられることでしょう。

冷静に考えれば、ネット上の銀行なのですから、支店の意味はありません。しかしここで、銀行法や、過去のシステム仕様の縛りがあるわけです。「支店を設けなければならない」。まさにレガシーです。支店はあくまで一例ですが、他にも既存の銀行法にのっとったばかりに、せっかくネット上の銀行なのに分かりづらい、使いにくくなっているケースがあります。

セキュリティの観点から見ても、スマートフォンによるデジタルバンクの方がネット銀行よりも安全性が高いです。ネット銀行はパソコンでの利用のため、複数人が使用する可能性が高いこと。アカウントならびにログインパスワードを入力する仕組みでも、パスワードが安易であったり、定期的に更新するなどの配慮をしていないとハッカーなどに見破られ、アカウントを乗っ取られる可能性があるからです。

一方、スマートフォンであれば、これは銀行のATMでも導入していますが、指紋や顔などの生体認証でログインできます。

このような旧来のネット銀行とスマホを標準としたデジタルバンクの設計の違いは大きいです。既存の銀行が提供しているスマートフォンのアプリのレビューを見れば一目瞭然です。

確かにスマートフォンで使えるようにはなっていますが、いま紹介したようにネット銀行とデジタルバンクの違いを理解していないため、ネット銀行のサービスをそのままスマートフォンに移行しているからです。その結果、ユーザーにとっては満足のいくサービスになっていない。

言い方を変えると、デジタルバンクであれば行えるサービスが、利用できない。その結果、GAFAのようなテクノロジーカンパニーに、次々とサービスを奪われていくのです。

●デジタルバンクをつくるのはテクノロジー企業にとって資金的にも技術的にも

朝飯前

テクノロジーカンパニーは、デジタルバンクを設立するアセットが十二分にあります。資金的なことを言っているだけではありません。技術面においても、です。今やサービスを始めるのに自前のサーバーを調達する必要はなく、クラウドサーバーを安価で使うことができます。他のプロダクトを作るのと同じ技術チームやスキームで、簡単に作ることができるからです。

そのため、旧来の金融サービスだけに精通している人や、同じく金融システムに詳しい技術者などを採用する必要性が下がります。

一昔前のいわゆるオンプレミスで巨大な、いわゆるレガシー的な（旧来の）ハードに基づくシステムを構築することは、プログラミング言語が同じくレガシーなこともあり、コストがかかります。

しかし本書で紹介しているこれからの金融サービスは、これらのレガシーは必要ないのです。昨今のクラウドを使ったウェブアプリを開発するようなスキームで、十分構築できるからです。そしてここもポイントですが、彼らはそもそも最初からデジタルサービスを提供してきましたから、セキュリティについても徹底的に研究しており、強い。

もう一つ、クラウドを自前で持っている、という強みもあります。アマゾン、グーグル、などです。本書では紹介していませんが、マイクロソフトもアジュールというクラウドサービスを持っていますから、今後、提携などもしながらデジタルバンクを設立する可能性は大いにあるでしょう。

彼らは自前でクラウドを持っていますから、それこそ安価に、一気通貫に銀行システムを構築できますし、運用においても同じことが言えます。ローン、保険、証券など。金融サービスのあらゆる項目において、安く、スピーディーに提供できるのです。

対して、日本の金融機関はどうでしょうか。クラウドを持っていないどころか、システムは外部のSIベンダーに丸投げしている場合が大半でしょう。当然、そこにはフィーがかかっていますから、すべて自社で行っているアマゾンやグーグルがデジタルバンクに進出した際には、コスト面で不利になります。

GAFAをはじめとするテックカンパニーが、従来の金融サービスをほぼ無料で、そして自前の銀行で提供する。このような未来が迫っています。

「みんなの銀行」が試金石

一方で、明るい話題もあります。スマホ完結型のデジタルバンクを日本の銀行でも提供する動きがあるからです。２０２０年12月にふくおかフィナンシャルグループから発表された「みんなの銀行」です。

みんなの銀行の詳細については第2部の第1章で改めて詳しく説明しますが、一部の手数料の高さは別にしても理念としては素晴らしいサービス内容で、まさしくデジタルバンク。おそらく日本で初めての、これからのトレンドとなるスマホ完結型の金融サービスを提供するアプリだと評価しています。

地銀がこのようなアプリを開発したことも、これからの日本の金融業界においてとても意義のあることだと思いますし、他の地銀は大いに参考になることでしょう。すべての地銀を変革するのは大変ですから、おそらくそのあたりのことを考えた上で、金融庁も従来の銀行法を改めて見直しての、今回のトピックだと私は捉えています。

いずれにせよ、ふくおかフィナンシャルグループの「みんなの銀行」のようなスマホ完結型の銀行アプリが、この先のトレンドになります。

ATM、店舗、窓口の行員——すべてが消える世界

現在の銀行の実店舗で行われている各種サービス。具体的には、入金や送金、各種ローンサービス、投資相談、ATMでのサービスも含め、これらオフラインのサービスはすべて、本書で紹介している11社を中心としたフィンテック企業のサービスが置き換えようと挑戦してきます。

言い方を変えると、これまで人が介在することで行われていた各種手続きや審査は、すべてAIによるオンライン上で完結するようになります。つまり、あらゆる銀行業務がスマートフォンで完結するようになる。これも、メガトレンドの一つだと言えます。

スマートフォンですべての銀行業務が完結するようになると、店舗は必要なくなります。支払うお店や相手がすべて電子マネーに対応していれば、当然、ATMも必要ありません。駅前の一等地に店舗を構えていること自体、かなりのコストがかかっていますし、窓口対応を待っている時間、待っている人の整理や対応を行っている人員のコストなど、改めて

現在の銀行が行っているサービスは、負担が大きいです。

これらの負担すべてが解消されるのが、これからのトレンドです。

店舗がなくなれば空いた土地を有効活用することができますし、銀行にとっても家賃コストが減り、浮いた分をよりお客様が使いやすいスマホアプリの開発に回すことができる。

現に、店舗は次々と姿を消しています。三菱ＵＦＪ銀行では２０２３年度までに２０１

三菱UFJ銀行人員・店舗の見通し

17年度対比で、▲6,000人の人員減少（自然減）、▲40%の店舗削減を見込む

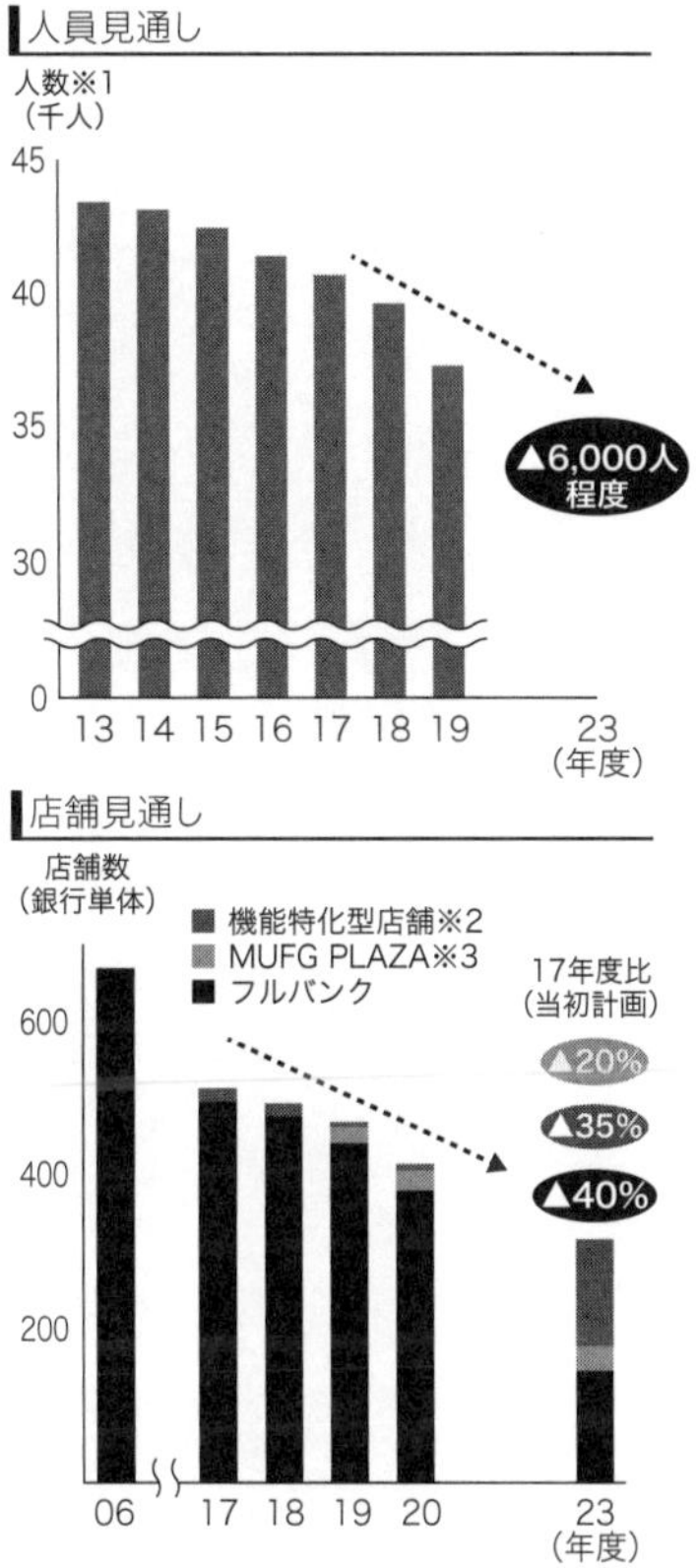

※1 銀行単体の国内行員・嘱託・契約社員、派遣社員を含むが、海外ローカルスタッフは含まない人数。受入出向者を含むが、出向者は含まない

※2 MUFG NEXT、コンサルティングオフィス等

※3 グループ共同店舗

出典：三菱UFJフィナンシャル・グループ「2019年度決算 投資家説明会」

7年度末の約500から300に。40％もの店舗を閉鎖することを打ち出しています。アメリカの銀行も同様です。そしてこのような動きは加速し、いずれゼロになると私は考えています。

店舗がなくなるので、当然、そこで働いていた行員も今ほどの人数は必要なくなります。同じく三菱ＵＦＪ銀行ですが、数千人規模単位の人員削減を発表しています。

営業、特に個人営業の仕事は減るでしょう。個人の対応に関しては、データさえあれば、大抵のことに対応できるからです。ただし法人営業に関しては、現時点ではすべてがデータ化しきれないため、2025年の時点では残っていると思います。

しかし昔ながらの自転車に乗って顧客先を走り回る、いわゆる御用聞き。このような法人営業のスタイルならびに人材は、これから先の社会では減っていきます。

インフラがこれだけ発達した社会なのですから、電話やテレビ電話、昨今であればズームを使えば直接行くことなく、対面でのやり取りと近いサービスが提供できます。

もちろん、どうしても会わなければいけないケースもあるでしょう。そうした場合のみ、顧客先を訪問すればいいのです。当然ですが、効率化が進んでいるアメリカでは、リモートが前提の営業になっています。

一方で、スマホアプリ（デジタルバンク）の新たなサービスを開発したり、運用やメンテナンスを行うエンジニアの採用需要は加速しています。

そして実際に業務を行うのは、エンジニアが開発したスマートフォン、デジタルバンク内のシステムやＡＩですから、そこも人からコンピュータに置き換わります。これは単に振込対応などを行っている窓口業務担当者だけではなく、バックオフィスで事業ローンの与信などを行っている人たちも該当します。

人員削減は銀行だけに限りません。ありとあらゆる金融業務がスマートフォン内で完結するわけですから、事業会社でこれまで経理や財務といったお金まわりの業務に就いていた人の仕事も、変わっていくでしょう。

具体的には、次のような未来です。これまでは毎月、経理担当者が各メンバーから上がってきた数字を Excel に打ち込み。場合によってはＰＬなどの決算書まで作成し、税理士に提出していた。

この業務が、完全自動化します。たとえばＥＣを展開している企業であったら、売上情報はそのままクラウド会計ソフトがデータを取得する。さらには Excel よりもはるかに見やすいグラフを自動で作成。これらの決算データも、現時点では人が介在して銀行や税理士事務所に送信していますが、同フローもいずれは自動化されると思います。

売り上げだけでなく、借り入れに関してもまったく同じことが言えます。銀行は、顧客から自動で送られてきたデータや決算書を基に、そして銀行も同じく自動で与信を行い、的確に金利や融資額を決定するように変わるからです。

これらの業務はすべて、スマートフォンの先にあるデジタルバンク上で行われます。つまり人が行うことは、デジタルバンクでどのようなやり取りが行われているのかの、確認やチェックといった業務だけになっていくことでしょう。

銀行店舗の人員は1人になり、人の対応が必要なときは予約制に

一方で、このような未来の銀行の在り方にシフトしきれない理由もあります。オフラインでの対面サービスを望む高齢者などの方はいらっしゃいます。ましてや銀行資産の7割以上は高齢者が占めているため、オンラインによるサービスにすべて移行したくても、できない状況があるのです。

そのため私が説明してきた未来の銀行の姿は、もう少し先というのが正直なところです。店舗ゼロ、行員ゼロが実現するまでの間、言ってみれば移行措置として実店舗はしばらくの間、あり続けるでしょう。実際、銀行の動きを見ていても、そのような思惑が窺えます。これまでにないタイプの店舗を展開しているからです。

たとえばある銀行では、駅前の一等地ではなく事業会社と同じように、オフィスビルの高層階に店舗を構える動きがあります。そのような新しいタイプの銀行では、これまでの銀行のように受付に用件を告げる。順番札を取り、ベンチに座って待つ。窓口のモニターに番号が表示されたら、ようやく用件を伝えることができる。

このような従来の銀行のフローとは、大きく異なっています。まず、店舗に行く際には事前に予約を取る必要があります。その際に用件も伝えておく。そのため実際に銀行に行った際には、受付の人に来店理由を説明する必要はありませんし、順番札を取る必要もありません。担当の銀行員がすぐに対応してくれます。

銀行側としても予約制とすることで、各オフィスに最少人数の行員。具体的には一つの店舗に1人だけ配置すれば十分対応できると思いますから、ますます人員削減を進めることができますし、コスト削減にもなります。

郊外にオフィスを構えれば、車で行くこともできますから、移行措置ではありますが利用者、銀行両者にとって、当面は価値あるサービスであると評価できるとみています。また予約の際には、先に紹介したグーグルマップを活用すれば、より便利になるとも思っています。

次のようなイメージです。グーグルマップで最寄りの銀行を検索する。そしてそのまま、デジタルバンクアプリを立ち上げることなく、グーグルマップ上で銀行の予約ができるようなサービスです。さらに言えば、グーグルマップのリンクをタップすればデジタルバンクアプリにアクセスし、デジタルバンクが利用できるような。

アメリカで実際に移行措置として行われていますが、ATMにモニターを取り付け、リアルな行員との対応が必要なときのみ、モニター越しに対応するとのサービスもありだと思います。もちろんATMの認証は、スマートフォンを通じて生体認証で行います。そうした方が、セキュリティも高いからです。

しかし未来の銀行を考えると、リアルな店舗やATMは大きく進化するでしょう。行員とのコミュニケーションにおいても、ズームや電話で可能だからです。オンラインであれば、行員は自宅で対応することもできます。まさにコロナ禍の今、多くのビジネスパーソンがそうしているように、です。

鶏と卵のような話ですが、本心としてはオフラインの業務からは撤退したい。でも、できない。そこで仕方なく、オフラインでの業務にかかるコストを維持するために、あれこれと旧態の手数料ビジネスを続けているのだと。

ただしこのような矛盾、世の中のトレンドに反した流れは、いずれ変曲点を迎えます。イノベーションのジレンマも変化への対応が重要ですが、デジタルネイティブな世代が顧客の主流になる時代が来るからです。

メガバンクと地銀の違いがますますなくなる

地銀とメガバンクの違いが薄れてきているのも重要です。

そもそも地銀が設立された目的や存在意義は、メガバンクに強い支店網がなかった時代に、地域にも金融サービスというインフラ網を広げる必要がある。それも各地域に根づいた金融サービスを提供しよう、との内容であったはずです。しかし今となっては、メガバンクの支店が全国各地にありネットでのサービスもある状況ですから、そもそも当初の目的というか存在意義からは状況が変わってきています。

現に、首都圏で暮らしていた人が地方に数年間赴任することになったとしても、使い慣れたメガバンクの支店があるわけですから、わざわざ地元の地銀を使おうとするメリットが伝わらないからです。

確かに一昔前の地銀は、地域に馴染み、同じく地域に密着して事業を展開している企業のお金における一番の懐刀として、各業界にも精通していたでしょうし、必要かつ重要な存在でした。

しかし銀行と企業の関係性と言えば、根本として企業が銀行に求めているのは資金。つまり事業ローンです。この点においては度々紹介しているネット完結型の事業ローンサービスが次から次に出てきていますから、データを活用しない地銀の有利性は低下していきます。

特に、世代交代した若い経営者であれば、手間もかかり金利の高い、昔からの馴染みというだけでつながっている地銀のローンと、ネットで簡便に審査から融資まで行ってくれる、それも24時間365日年中無休で、かつ、金利の安いネット完結型のローンを選ぶのは、自然の流れだからです。

このような背景や理由から、地銀の業績は深刻です。実際、地銀の決算書を見ても企業の安定性は低くなる傾向があり赤字が長年続いている地銀もあります。にもかかわらず、地域のインフラだからとの理由だけで存続しているところもあります。

しかし、政府の延命措置もいつまで続くか分かりません。実際、金融庁のトップは地銀の改革について度々言及していますし、菅首相も「地銀の数は多すぎる」と公言しているからです。

地銀で働いている方々は当然、このような状況は重々理解していると思いますし、かなりの危機感がある地銀もあると思います。

このような地銀ならびに政府の動向を鑑み、地銀の再編に手を挙げた金融機関があります、ＳＢＩグループです。メガバンクは先述したとおり、すでに地方に支店がありますし、同じく先述したようにリアルな店舗は増やしたくない状況ですから、特に動きがないのは至極当然だと思います。

メガバンクも地銀と同じように、フィンテックカンパニーと競争しなければならないため、なかなか動けないのだと思います。

ＳＢＩグループはネット専用ですから、当然、デジタルに強いです。一方で、リアルな店舗は持っていません。そこで、リアルな店舗の利用を好む地方のユーザーを、この機に一気に囲い込む狙いがあると考えています。いずれにせよ、厳しい状況だと言わざるを得ません。

このような状況は、市場の競争原理から仕方のないことでもあります。メガバンクが地方に進出したのと同じように、ＳＢＩグループのようなネット銀行が広まった現代では、それこそ場所というのはビジネスを進める上で、特に金融サービスにおいては、意味を持たないからです。

ただし、ＳＢＩグループはスタートがスマートフォンではなくインターネットベースのため、本書で紹介しているフィンテックベンチャーのサービスと比べると、ややスマートフォンに最適化する余地があります。そういった観点からも、地銀のサービスは本書で紹介している11社のようなベンチャーとの競争に巻き込まれていく。そのような未来に対策をしなければなりません。

給料の銀行振り込みがなくなり、アマゾンギフト券とSuicaに!?

ATMがなくなると、25日にATMに大勢の人が並ぶ光景はなくなるでしょう。お金はすべてデジタル化していきますからATMだけでなく、その先、銀行口座そのものの存在意義も変わっていきます。

つまり、これまで給与は従業員の銀行口座にお金（通貨）を振り込んでいましたが、このような仕組みも、デジタル通貨が浸透すれば変わるのです。

アマゾンやアップルが銀行を開設すれば、そのアマゾンバンクの口座に、アマゾンのサービスを頻繁に利用している人であれば、アマゾンギフト券として給与をもらう可能性があるとも思っています。

現に、ロビンフッドは投資用口座をまさに既存の銀行口座のような立ち位置として扱っています。「私の給与はロビンフッド口座にお願いします」。このような未来が、イメージできます。

つまり各人が、自分が頻繁に使っているサービスの企業が開設している銀行に、給与を振り込んでもらう。そのような未来を、私はイメージしています。ですからSuicaで、という人もいるでしょう。実際Suicaがあれば、すでに現段階でもかなりのことができるからです。アップルペイで、という人も十分考えられます。

ただしこのような未来は、現状の法律ではできません。賃金決済に関する法律があるからです。

しかし今後、デジタルが普及することは明らかですし、金融庁としてもそのことは十分理解しています。

みんなの銀行が認められた動きなどからも、いま説明したような未来がこの先実現することは、十分考えられます。しかし、動きがより速くなければ国外のサービスが進化して、日本に上陸されてしまいます。

アメリカも銀行法そのものの改正に関しては慎重ですが、日本と比べるとロビンフッドがデビットカードを発行しているように、日本ほど、業界の垣根に対する規制はありません。

そのためまさにメガトレンド①の内容、すべての企業が銀行を持つ。正確には決済が行える口座ですが、そのような口座ならびにサービスを多くの企業が提供していくと私はみています。銀行法が緩和されるまでの移行措置という側面もあり、テックカンパニーが銀行と連携しているのも、これからのトレンドを示した動きと言えるでしょう。

プライベートバンクもAIを活用

プライベートバンクもスマートフォンに置き換わっていくと私は思っています。

プライベートバンクはさまざまなサービスやスタイルがあるので一概には言えませんが、特に日系の銀行が提供しているプライベートバンキングサービスのおもてなしはAIで補強できるところが多いでしょう。

プライベートバンクは顧客向けに一般には販売しないような限られた投資・運用商品を提供します。

これらのサービスはデータならびにテクノロジーを使えば、スマホアプリで十分可能です。ましてやプライベートバンクでの取引で生じるフィーはそれなりの金額ですから、果たしてそれだけの料金を支払っている対価があるのかどうかは厳しく見られます。

プライベートバンクの魅力は、専属のバンカーがつき、教育から相続まで長期的な話ができることです。

しかしいくら専属といっても、あまり話したくないプライベートな内容は当然ありますし、そもそも専属のＡＩをつければよいのでは、とも思います。

もちろんＡＩでは解決しない問題もゼロではないですから、そのときに初めて担当者とコミュニケーションすればよい、との考えです。

個々の価値観や感覚にもよりますが、属人的にサービスを受けるよりも、データを基に透明性のある情報で、的確なアドバイスを受ける方を好む人がいるからです。そしてデータの活用においては、人よりＡＩの方が間違いなく強い。

このような理由から、プライベートバンクもスマートフォン、ＡＩでさらに進化できると考えます。

何かアクションを起こす必要が生じた際にだけ、それこそチャットで連絡をくれればいいのです。実際、アメリカでは、チャットを活用した金融サービスの利用は日本よりはるかに進んでいます。

日本語よりも英語のチャットが自然言語処理が簡単でデータが豊富なため優秀という背景もありますが、いずれにせよチャットやＡＩであれば、人とは異なり24時間３６５日、どこにいても、夜中でも、スマートフォンとネットワーク環境さえあれば、つながる。私にはこのような仕組みの方が、合理的で便利だと思えます。

第2部

2025年、銀行が生き抜く処方箋

第1章

2025年に
淘汰される銀行、
生き残る銀行

優秀なエンジニアが行きたいと思える銀行になれるか？

行員は圧倒的に減りますが、現在の銀行業務に就いている人材の他にエンジニアは、これから銀行が生き残るためには必要だと先ほど説明しました。データの分析に長けている、データサイエンティストも必要です。

特に得たデータを実際にアプリに活用できる、アプリの開発や実装、運用などが行えるスキルを持つエンジニアが必要です。これからはネット銀行ではなく、スマホアプリ内のデジタルバンクがすべてのサービスを提供していくので、ウェブエンジニアというよりは、スマホアプリの開発に長けたエンジニアの採用が重要です。

しかし、エンジニアは昨今あらゆる業界で求められていますから、採用はそう簡単ではありません。言い方を変えると、エンジニアが働きやすい、やりがいを持って仕事に臨める環境であるかどうかが、この先銀行が生き残る、デジタルにシフトできるかどうかのポイントであり明暗だと言えます。

テック企業では当たり前ですが、働きたいと思ってもらえる職場であるためには、まずは評価や給与が正当であること。繰り返しになりますが、優秀なエンジニアはそれこそ本書で紹介しているような企業から高額のオファーを受けるような立場ですから、相場に見合った、業界が違うことを考慮すれば、相場よりも少し高い金額やテクノロジーを使った将来のビジネスのビジョンを示す必要があります。

エンジニアの多くは、これまで携わったことのない、世の中にない新しいサービスや技術を生み出すことが大好きです。そのためレガシーシステムの補修のような業務ではなく、まさしく本書で紹介しているような、これから先の未来のサービスを任せることになります。当然、権限もそれなりに移譲します。

権限移譲に関連しますが、エンジニアがある程度自由にデータを閲覧したり、データを使える環境であることも重要です。よく見かけるのは、他部門のデータを使うのにあれこれと確認や承認を得る必要があるケースです。そのような承認のスキーム自体は、セキュリティの観点から仕方ないとしても、折衝はエンジニアにやらせません。

彼らの強みはプログラミングであり、多くのエンジニアは、そのような交渉ごとに時間を使うのがもったいないからです。

もともと銀行で働いているメンバーとのコミュニケーションやポジションにも配慮します。たまに見られるのはマーケットや与信に携わっているビジネスの現場サイドの行員が、エンジニアを下に見る風潮です。

経営層がしっかりと舵を取り、これから当行はエンジニアを主体としたテクノロジーカンパニーに変貌していく。だからエンジニアを積極的に採用するし、それなりに権限も移譲する。このようなマインドや雰囲気を、全社的に共有、醸成していく必要があります。

エンジニアファーストな企業に変貌していくとの観点から見れば、服装などもカジュアルなスタイルを容認します。銀行では慣例がないかもしれませんが、すでに大手企業もスーツではなく、ラフなスタイルで仕事をしているところが増えているといったトレンドも、おそらくエンジニアが働きやすい環境を意識してのことだと思えるからです。

銀行のエンジニア採用ならびに環境の改革では、アメリカトップクラスの銀行、ＪＰモルガン・チェースが大いに参考になります。まず同社は、トップのジェイミー・ダイモン氏が、これからの時代のトレンド、まさしく本書で紹介している未来の姿をイメージできていました。

そして、テクノロジーが重要だと。中でもスマホアプリがポイントになってくると。そのような時代のトレンドをかなり以前から理解していて、2013年ごろから組織改革に乗り出しています。

実際、今ではとても使いやすいスマホアプリ「Chase Mobile（チェイスモバイル）」を公開し、AIが自動で投資を行ってくれるロボアドバイザーサービスも開発しています。

他の銀行が開発したモバイルアプリと比べると使いやすく、スマホアプリに精通した技術力の高いエンジニアが関わっていることが想像できます。

生き残るには、デジタルに振り切りインフラに徹するしかない

一方でJPモルガン・チェースのようなケースは、それほど多くないことも事実です。先とは相反するような説明になりますが、実際問題として銀行が優秀なエンジニアを採用することは、ハードルがかなり高いからです。

理由はいくつかありますが、優秀なエンジニアは本書で紹介しているような最先端のテクノロジーカンパニーを、第一に選択するからです。そのため銀行を選択するのは、給与

もしくは開発環境などの待遇がよほどよいか、あるいはエンジニアにとってやりがいのある案件がたまたま金融サービスであったなどでない限り、エンジニアの心を動かすのは難しいと思えるからです。

もう一つ、やはり昔から連綿と続く企業の文化や風習をがらりと変えるのは、たやすいことではないと思うからです。

ゴールドマン・サックスがいい例です。JPモルガン・チェースと同じように、これから先はデジタルが来る。だからエンジニアが必要だと察知し、エンジニアを多く採用しました。ここまでの戦略はよかったです。しかしその後は、順風満帆ではありません。特に優秀なエンジニアは、最終的にGAFAなどのテクノロジーカンパニーに移ってしまったからです。

ただゴールドマン・サックスはその後の動きがしたたかでした。エンジニアを自社で育てることができない、技術やサービスが内製できないのであれば、そのようなアセットを持つ企業と組むことで、同じような価値を得ようと動いたからです。

アップルとの連携です。そして実際、アップルカードのインフラ、裏方の黒子の存在に徹することで、生き残る道を選びました。つまり伝えたいことは、テクノロジーカンパニーになるには2つの方法がある、ということです。

一つは、厳しい道ですがデジタルに強いエンジニアを採用し、自社でサービスを内製化する。まさしくテックカンパニーとして変貌していく道です。もう一つは、ゴールドマン・サックスのように、サービスそのものは自社のブランドではないですが、サービスを支える裏方業務に振り切ることで、実質テクノロジーカンパニーのようになり、生き延びる道です。

ご存じのように、ゴールドマン・サックスは法人向けで世界トップクラスの金融機関です。そのゴールドマン・サックスが裏方に徹してまで、言い方を変えるとGAFAを支えることで、消費者向けでは収益を得る道を選んだのです。

はるかに規模の小さい日本の金融機関が、どちらの道を選択すればよいのか。そのような決断には当然、トップならびに会社全体が変わる必要があります。つまり、会社が変わることは、いずれにせよ必要だということです。

地銀で危機感が強い銀行「みんなの銀行」

ＪＰモルガン・チェースのスマホアプリが使いやすいと紹介しましたが、一部スマートフォンで完結しない、実店舗に行く必要があるサービスがあるなど、完全にスマートフォンで完結するアプリとまでは言えません。

一方、福岡銀行のホールディングスカンパニー、ふくおかフィナンシャルグループ（以下、ＦＦＧ）が２０２０年末に発表した「みんなの銀行」は、現時点でスマホアプリで金融サービスが完結するとしています。

言い方を変えると「みんなの銀行」のようなサービスが、これから銀行が生き残るためには必要であり、大いに参考になるということです。

ＦＦＧでは他の銀行と同じように、インターネットの普及に伴い、いわゆる現在のリアルな銀行の延長線上の、ネット銀行サービスを提供していますが、同時にみんなの銀行の開発に着手します。

そのため、いわゆるネット銀行とは使い勝手はもちろん、大きく異なっています。端的に言えば、すべてのサービスラインがスマートフォンで最適化されたかたちで提供され、完結します。具体的には、口座開設、入出金、振り込みなどで、当然、印鑑を使うシーンもありません。

銀行や郵便局などから毎月送られてくる、取引報告書のようなレポートも一切なし。リアルなカードは発行しませんが、バーチャルカードを発行することで、アップルペイやグーグルペイとも連携。みんなの銀行アプリがあれば、あらゆる金融サービスを行うことができるようです。

ようです、と書いたのは実際のローンチは2021年の5月だからです。そのため本書を執筆している時点では、あくまでプレスリリースの内容からの判断だからです。実際の利用者の評判がどうなるかが大事です。

個人・法人問わずローンサービスなどもアプリ内で完結できるようですが、本当に使い勝手がよいのか、国内初となるデジタルバンクの名にふさわしいのかどうか楽しみですし、実際にプレスリリースのようなサービス内容であり、一気に国内にデジタルバンクが広まるきっかけになれば、とも期待しています。

特筆すべきは、国内初のデジタルバンクを、それほど規模が大きくない地銀が開発した、という点です。グーグルクラウドのようなクラウドやコンサルティング会社も協力していて、高い技術力を持つエンジニアが働きやすい環境のもと構築したサービスであることが窺えます。ＦＦＧの経営陣の感度の高さならびに、実行力の賜物《たまもの》だろうとも思えます。

見方を変えると、地銀にはこの先の危機感があり、何とかしなければならないと、懸命に考えた上での経営判断ならびに戦略であったことも窺えます。

いずれにせよ、デジタルバンクとしてはもちろん、地銀が生き残るための試金石になればと個人的にも期待していますし、他の銀行はアプリはもちろん、ＦＦＧの動きや戦略も参考にする点があると言えるでしょう。

コンサルに任せっきりの銀行はつぶれる

デジタル化が遅れている、提供しているアプリなどの完成度が低い銀行を見ていると、共通点が見えてきます。システムが古いことです。なぜ、一昔前のシステムをいつまでも使っているのか。トップも含め、経営陣がテクノロジーについて詳しくないからです。実際、日本のメガバンクの経営陣の中にはエンジニア出身の人は少ないです。

「CDO（Chief Digital Officer：最高デジタル責任者）」のようなポジションを設け、一見するとデジタル化を推し進めていく動きをしているような銀行もありますが、内実は異なります。世の中がデジタル化しているから、CDOをかたちとして作っただけのケースもあります。そのため実際にはデジタルにはまったく疎い人が担当しているケースが少なくありません。内部の人事異動で、たまたまCDOに就いたケースなどです。

そのような形式張った人事ではなく、本気でDXを進めようとしている事業会社が行っているように、外部からテクノロジーに詳しい人材をヘッドハンティングして、CDOにする。権限も予算も与えて、CDOにサービスはもちろん、実際に開発できるエンジニアの採用なども任せる。危機感のある事業会社では当たり前に行っている改革を、銀行も行うべきなのです。

なぜ銀行はこのようなアクションが起こせないのか。前にも触れたように、銀行には長きにわたり公的機関のような文化がありましたから、どうしてもその頃の企業風土から抜け出しきれていないのでしょう。ビジネスモデルが変化する時代であるにもかかわらず、変化を嫌う風潮です。実際、アメリカのある有名な銀行は変わろうと思い、デジタルに強い人材を入れたにもかかわらず、結局、しばらくして追い出してしまったそうです。

外部のコンサルティング会社に頼り過ぎているのも問題です。いい例がビジョン。いかにも今どきのトレンドを反映したビジョンのように思えるのかもしれませんが、毎日のように成長するベンチャー企業のビジョンや経営計画を見ていると、多くの銀行のビジョンは、コンサルティング会社に作らせている、借りもののようなものを見かけることがあります。

一言で説明すれば、ビジョンの本質を自分の言葉で表現していない。そのような自分では腹落ちしていない、他人に作ってもらったビジョンであると、新しいテクノロジーが出てきたときに、どれを自社のビジネスに取り入れるべきかが判断できないのです。

先のCDOも同じです。おそらくコンサルティング会社から、これからはデジタル、DXだから取りあえずCDOというポジションを設けましょうというアドバイスを受けたのかもしれません。そして問題がさらに深刻になるのは、コンサルティング会社も銀行と同じように、最先端のテクノロジーとビジネスモデルに詳しい人材が少ないことです。

このように曖昧な状態で進めているDXですから、当然、難航します。GAFAのようなテクノロジーカンパニーから見たら、脅威にはなりません。DXという流行《はや》りのキーワードで、「やった感」があるのが一番気をつけるべき状態です。

コンサルティング会社もデジタル人材の活用を積極的に進めているようですが、現場で作業を行うことができるレベルの人材はいても、そうではなく上流で、新しいデジタルサービスを発想する人がなかなかいないのです。そのようなデジタル人材が必要なのです。

実際、このようなトレンドを理解しているテクノロジー企業は、単にアウトソーシングするだけのコンサルティング会社はほとんど利用していません。つまりこれから銀行が生き残るためには、自分で考えてテクノロジーカンパニーに大きく舵を切る必要があるのです。あるいは繰り返しになりますが、そのようなテクノロジーカンパニーと組むしかないのです。

いずれにせよ、コンサルティング会社のアドバイスを自分で考えずに鵜呑《うの》みにしているような銀行は淘汰されていきます。重要なのは、テクノロジーもビジョンも自分たちでしっかりと考えられる知識や経営陣の人材をそろえることだからです。

一方で、コンサルティング会社の中には、技術は別としてもビジョンに関してはトレンドをよく理解し、海外の動向を反映したり、時代にマッチしたものを作成している場合もあります。

そのようなコンサルティング会社と壁打ちというかたちで議論する。そういった適切な試行錯誤が重要です。スマホアプリの金融サービスであったら何でも構わない、このような思考だと木を見て森を見ずという状態になってしまいます。

ＭＵＦＪがメガバンクで初めて理系の頭取を抜擢《ばってき》した理由

多くの銀行が現在のトレンドに対応しきれていないのに対し、比較的海外のトレンドに対応した明確なビジョンならびに伴ったアクションをしている銀行があります、三菱ＵＦＪ銀行です。

メガバンクがグローバルに拠点を持つのは当たり前ですが、海外の売り上げが小さい銀行も多い中、三菱ＵＦＪ銀行は本気でグローバルを見据えたビジネスを展開しようとしています。実際、リーマンショックの際に破綻しかけた有力投資銀行のモルガン・スタンレーに出資をして以降、他のメガバンクの収益がほぼ国内に偏っているのに対し、三菱UFJ銀行は半分以上の収益がグローバルによるものです。このようにグローバルで真剣にビジネスを展開しているからこそ、海外のメガバンクの動きやトレンドに非常に敏感です。

実際、彼らと話していると日本の金融機関の状況が海外に比べていかに変化への対応に遅れているかという危機感をかなり持っています。

ビジョンを見ても、「世界に選ばれる、信頼のグローバル金融グループ」という海外を意識した言葉や、後半には「時代の潮流を捉えて」とのキーワードが入っており、まさしく実行していると思えます。まさに本書のメガトレンドの②。預金量で勝負するのではなく、データ量で勝負する。デジタル化を推し進めているからです。

タイのアユタヤ銀行やアメリカのユニオン・バンクを買収したり、メガバンクでは初となる、頭取に理系出身の、テクノロジーに明るい人物を抜擢したりといった新しい動きも見られます。亀澤宏規氏という方で、正確にはホールディングスのトップです。

キャリアを見ても、東大の理学部数学科を卒業後、三菱UFJ銀行に入行。現場で長くビジネスに精通した後はニューヨークでのキャリアもあり、2016年から同グループのデジタル戦略責任者というポジションに就任。そして今回の人事ですから、いかに同行がデジタル化を本気で推し進めているのか、デジタル人材が重要であるかを体現している組織と言えるでしょう。

もう一つ、同行に関しては大きなトピックがあります。２０１７年に設立したJapan Digital Design（ジャパン・デジタル・デザイン、以下ＪＤＤ）です。社名には三菱ＵＦＪ銀行のブランドは入っていませんが、もともとは２０１６年にフィンテック事業の開発を目的に設立したいわゆる社内ベンチャーで、その後スピンアウト。フィンテックに関するサービス開発を徹底的に行っています。

ＪＤＤを取り上げたのは、先述したエンジニアが働きやすい環境を実現している点も参考になるからです。このような環境整備においても、日々情報を貪欲にキャッチアップし、実現している。他の銀行とは異なる特徴が見えてきます。

ＪＤＤのトップは初代は三菱ＵＦＪ銀行出身でしたが、二代目は日本銀行のフィンテックセンター長を務められた外部から登用した体制で、データサイエンティストやデザイナーなどの幅広い人材を、同じく幅広い業界から採用することで、まさしくイノベーションを起こそうとの姿勢が伝わってきます。

そして先述した権限を与えて、自由に新サービスの開発に臨んでもらっている。そのような姿勢はホームページを見れば分かります。いい意味で三菱UFJ銀行の子会社とは思えない雰囲気が伝わってくるからです。

ホームページに登場している経営陣はTシャツなどのラフでカジュアルスタイルなのもそうですし、何かやってくれそうな、一言で説明すればいい意味で銀行のホームページらしくない、ベンチャーならではの雰囲気が出ているからです。

ちなみにミッションは、「金融の新しいあたりまえを創造し人々の成長に貢献する」。非常に、分かりやすいです。

三菱UFJ銀行とだけでなく、他の企業とのやり取りを行っている点も、まさにスピンアウトさせたベンチャーらしい動きと言えるでしょう。実際、海外のベンチャーと組んで新たなサービスを開発するなど、いくつか具体的なサービスもローンチしているようです。ただ本書で紹介しているようなフィンテックサービスについては、まだこれからのようです。

ＪＤＤが画期的なサービスを開発した暁には、本体や出資している東南アジアのスーパーアプリ「Grab（グラブ）」を通じて、一気にデジタル展開を試みるでしょう。ただそのスピードが遅いと11社に飲み込まれる可能性がありますから、ＪＤＤも含めた三菱ＵＦＪ銀行の取り組みには、これからも注目したいと思います。

保険会社は代理店依存から脱却すべき

保険業界の動向についても解説したいと思います。結論から言えば、代理店に売り上げを依存している。彼らが嫌がるような動きやビジネスに着手できない保険会社は、変われないままだとこの先淘汰される可能性があります。

これまで長きにわたりパートナーシップを組んで、共に成長してきました。しかしそこは、イノベーションのジレンマ。どこかで新しいビジネスへと進化する必要があります。

データを活用しない代理店ビジネスが淘汰されるとの見解は、前回の本でも紹介したとおりです。自動車業界にも当てはまり、自動車ディーラーにいつまでも依存していると、自動車メーカーもいずれ足をすくわれる可能性があります。

イノベーションのジレンマに気づき、すでに動いている保険会社もあります。東京海上日動は、代理店を介さずに直接保険契約できるダイレクト保険を始めています。先述した住友生命のバイタリティプログラムも、該当します。

アメリカ最大の生保であるメットライフも、大胆に次の一手を続々と打っています。大胆な動きとの観点から見ると、損保ジャパンが参考になります。自動運転などのテクノロジーが進めば事故率は下がりますから、損害保険事業が次第にジリ貧になっていく。まさに銀行の手数料ビジネスがこの先なくなっていくのと同じ流れです。

このような未来を正確にキャッチアップすると同時に、三菱ＵＦＪ銀行と同じく次の一手に向けたアクションを起こしているからです。

たとえばシリコンバレーにオフィスを構え、気になるベンチャーに出資したり、共同会社を設立するような動きを見せています。アメリカのデータ分析企業「Palantir（パランティア）」や、自動運転のソフトウエアを開発している日本のベンチャー「Tier IV（ティアフォー）」などです。

ちなみにパランティアの創業者は11社の1社、ペイパルの創業者の一人であるピーター・ティール氏で、同社の時価総額はおよそ5兆円。損保ジャパンの時価総額を大きく上回っています。

損保ジャパンがなぜ、このような動きができているか。企業風土ならびにトップが危機感を持っているからに他なりません。損保ジャパンのトップ、正確には同ホールディングスのトップの櫻田謙悟氏の思考や行動が大きいと私はみています。

同氏は日本経済団体連合会、日本商工会議所と並ぶ経済三団体の一つ、経済同友会の代表も務められていますから、おそらく他の業界の情報も多く入ってきているのでしょう。その上で、保険業界はこのままでは大きな変化に巻き込まれると。そして矢継ぎ早にアクションを起こしていると思えるからです。

地銀が生き残るために

地銀は何もしなければこの先淘汰されると先述しました。そしてその理由は、メガバンクとの違いがない時代になったからだと説明しました。ただ理由はそれだけではありません。繰り返しになりますが、組織の危機感の欠如ならびに技術を取り込むアクションが少ないからです。

地銀の多くは今、目の前のお客様との業務しか見ていない銀行が大半です。従来ある金融サービスを粛々と行っているだけで、これから先、世の中がどうなっていくのか。これからの銀行はどのようなサービスを提供していくべきなのか。逆に、そのような動きをしなければ淘汰される。このような意識が、希薄に思えるからです。

私は地銀も含め、これまで数多くの金融機関からお声がけいただき、まさしく本書で紹介している銀行の未来について勉強会で話す機会を頂きました。このような経験からも、危機感のなさはもちろん、おそらく技術の知識や情報をキャッチアップができていない可能性があります。あまりにも時代のトレンドを把握していない方たちを多く見てきました。

これからはクラウドかつＡＩの時代であり、銀行内で実現するためにはデータサイエンティストが必要だと話しても、うなずいてはいても、おそらく前提知識が十分でなければ本質を理解するのには時間がかかります。そしてそのような地銀からは当然、レビューの高いスマホアプリは出ていません。

営業やコミュニケーション、金融知識といった領域では、確かに経験を積んだエグゼクティブの方が、私も含めた若い世代よりもご存じなのですが、しかしテクノロジーに限っては、なかなか勉強する機会がないのです。

さらに若い世代とはこれまでの勉強量や知識量が、そのまま差として出ます。そのため幼い頃から毎日プログラミングを行ってきた若者は、20歳でバリバリのエンジニアだったりするわけです。そしてそのような若い天才が、ストライプなどでこれからの時代の画期的なサービスを生み出しているのです。

旧態依然の年功序列的な人事評価制度も、銀行が変われない理由の一つでしょう。これまでにないイノベーションを起こす人材は評価されず、石橋を叩《たた》いて渡るような保守的な人が減点主義の中では評価され、実際に出世しているからです。

もちろんそのような保守的な人材も必要ですが、全員が同じタイプでは本書で紹介しているようなこれからの銀行サービスが生まれることはありません。給与体系もエンジニアに限っては年功序列型ではなくジョブ型、成功報酬型に変える必要があるでしょう。

つまりトップも含め組織全体を変えない限り、地銀は進化できません。地銀よりはるかに大きな、三菱ＵＦＪ銀行や損保ジャパンが危機感を持って変わろうとしています。何とか本書をきっかけに、地銀もスピーディーに変化することを期待します。

日本の証券会社で生き残るのはデジタルとデータを活用した企業

銀行に限ったことではありませんが、これから先、生き残れるのか、それとも淘汰されるのか。明暗を分けるのは結局のところ経営による、というのが私の見解です。そして繰り返し伝えていますが、どのような経営者であれば、サバイブできるのか。次のような資質を兼ね備えている経営者です。

- 明確なビジョンを持っている
- テクノロジーに詳しい
- 危機感がある
- 行動力がある
- やれることはすべてやる

・英語を現役で使っている

私は会社とお付き合いする際、経営者がこのような資質を兼ね備えているか、必ず確認します。確認方法は代表挨拶《あいさつ》のようなテキストではなく、講演を実際に聴いたり、ユーチューブなどの動画で、実際に本人が話しているメッセージならびにその様子から判断します。

代表メッセージも含め、それなりの企業のトップともなれば、プレゼンテーションで話す内容は事前に専属ライターなどが台本を書き、その内容をただ読んでいるケースも多いからです。

そのような台本ではなく、危機感であれば本当にトップが感じているのか。度合いはどの程度なのか。テクノロジーについて語っているのであれば、本質まで自分の言葉で話せているか。物事の本質的なことは、やはり表に出てくるからです。表情、声のトーンなどでも分かります。

ファーストリテイリングの柳井正氏や、ソフトバンクの孫正義氏などは海外の潮流の理解、危機感やテクノロジーへの関心度が強い経営者と言えるでしょう。

ＳＢＩグループはそういった意味では独特の動きをしています。情報のキャッチアップでは、シンガポールなど海外などに拠点を設けているのはもちろん、三菱ＵＦＪ銀行や損保ジャパンと同じく、これからのキーとなるベンチャーに積極投資したり、買収したりしています。先に登場したピンアン保険や、ロボアドバイザーのウェルスナビとも手を組んでいます。

感心するのは、これらの協業をとにかくやれるだけ、ものすごいボリュームで行っていることです。このあたりの行動力は孫氏も同様で、すでに投資グループと言っても過言ではないと思えるほどの大胆さです。

これだけ大胆な動きをしている背景には、海外も含めたネットワークからの情報で危機感を持っているからでしょう。だから動く。そして早い。

その結果、ネット証券会社の中ではダントツでトップシェアですし、昨今のコロナ禍の影響もあり、以前にも増して業績は好調。口座数ではリアルな証券会社を超えるまでに成長しています。

ＳＢＩグループはいい意味で北尾氏の影響力が強いので、同氏が経営から抜けた後にどうなるか。ロビンフッドが日本に入ってきた際、どう対応するのか。いくつか論点はありますが、変化に対応している金融機関です。

第 2 章

2025年、銀行員の仕事はこう変わる

20代、30代、40代。それぞれの銀行員に必要なこと

前章では、これから銀行が生き残るための術を紹介してきました。本章ではもう一歩踏み込んで、実際にビジネスの現場で働く銀行員が生き残るための術、言い方を変えると、これからの時代で身に付けておくべきスキルやマインドセットについて紹介します。当然ですが年代によって異なりますので、それぞれ分けて紹介していきます。

【20代】徹底的に金融の基礎知識を身に付ける

特に20代前半の方々は、意識が高い人はすでにされていると思いますが、まずは徹底的に金融やファイナンスの基礎知識を身に付けるべきです。中でもスキルの骨子になるのが「ポートフォリオ理論」です。

会社の研修などでも学ばれているとは思いますが、理論はあくまで机上のものですから、

学ぶ際には次のようなことを意識します。

単に理論を学ぶだけではなく、実際の業務に重ねたり、置き換えたりします。たとえばポートフォリオのアロケート（配分）を決める理論の中で、なぜそのような結論であるかは、数式で証明されています。しかしそこから一歩踏み込んで、分散と期待されるリターンの出元は、実務ではどういった要素なのか。

あるいは、基本的には存在しないと理論的にはされているアービトラージ（裁定取引）が、なぜビットコインなどの仮想通貨では、あれだけの大きな価格変動を生み、そして使われているのか。このような思考で学びます。

基礎知識を身に付けるという観点からも、多くの銀行員が取得している「証券アナリスト」の資格もおすすめです。

もう一つ、私自身も大変ためになった金融工学を学べる書籍、ジョン・ハル氏の『フィナンシャルエンジニアリング』もおすすめです。

同書を読めば、債券における定量的な分析やオプション取引の価値といった内容を、数学的な観点から学ぶことができます。同書を参考に、金融を工学、数学的な観点で捉えていくと、ＡＩが金融サービスに入ってきたらどうなるのか、そのような思考が身に付きます。

少し専門的な内容ですので読むのに苦労する人もいるかもしれませんが、市場部門の方だけでなく、営業やその他の銀行員の方にもぜひ、特に若い方にはおすすめしたい一冊です。

「木ではなく森を見る」。学習を進めていく上では、このようなマインドも重要です。たとえば簿記がいい例です。社会人1年目からスキルや知識をつけようと簿記を学ぶ人が多いようですが、意気込み自体は素晴らしいですが、簿記のようないわゆる〝木〟の内容をいきなり学んでも、暗記偏重になってしまい、なぜそうなっているのかという理解につながることが少ないと思うからです。

金融全体のことが分かっていないと簿記の重みというか、内容の真の理解につながらないからです。まずは金融全体のことを学ぶ。そこから簿記など実務で必要な木の部分を学んでいくようにします。

金融はグローバルな内容ですから、国内の知識だけでは不十分です。海外の情報も知ることが重要です。中でも、金融の最先端の場であるニューヨークの状況や情報をピックアップするようにします。

地銀で働いている方の中には「自分は地方の中小企業が顧客だから関係ない」との思考の人がいるようですが、金融サービスは国境を超えてつながっています。そういった観点からも、地銀にお勤めであっても海外の、特にグローバル最先端のニューヨークでどのような金融事例があるのか、学ぶべきです。

知識を身に付ける点においては、インターネットを活用すれば、地方も首都圏もそれこそニューヨークもカリフォルニアも関係ありません。実際、ニューヨークの金融マンが学んでいる、ニューヨーク大学やコロンビア大学、UCバークレー校などが提供している金融部門のオンライン講座がおすすめです。同講座を学べば、数年後に日本に入ってくるであろう新しい金融知識などを、いち早く学ぶことができます。

ただ本音を言えば、直接アメリカのトップ10に入る大学で学んでもらいたい。つまり、留学です。そして留学はいま勤めている金融機関の制度で行くのもいいですが、自費で行くことも無駄ではありません。費用に関しては、同大学にはさまざまな奨学金制度がありますから、利用すれば負担は軽減します。実際、私も奨学金が出ました。

会社の制度でニューヨークオフィスに勤めていただけでは、自動的にグローバルなビジネスパーソンになるわけではありません。そもそもほとんどのニューヨーカーは、日本のメガバンクの名前を知りません。

ニューヨークなどのアメリカに留学して学べば、いかに現在の銀行が置かれている状況が、そして日本の状況が厳しいかを、身に染みて分かると思います。その上で、改めて自分のキャリアを見直すきっかけにもなることでしょう。

【30代、40代】テクノロジーとの関係性を考える

30代に入ったら、これまで身に付けてきた金融知識や経験の中で、自分はどの分野に強いのか。どの領域なら他人よりも優れていて、勝負できるのか。そのような〝武器〟を明確にしていきます。

不動産ローンであるとか、プロジェクトマネジメントが得意などでもいいと思います。そうして見つけた武器を自分のタグとして、より深掘りしていきます。

並行して、テクノロジーの動向にも注視します。自分の武器の領域にテクノロジーが入

ってきたら、どうなるのか。その武器はＡＩに置き換わることはないか。仮に置き換わった場合、自分（人）がやるのとＡＩがやるのでは、どちらが合理的なのか。

検討した結果、ＡＩの方が市場から支持されるとの結論に至ったら、そのようなＡＩを開発しているフィンテックベンチャーへの転職を検討します。あるいは、まだそのようなＡＩやサービスが世になかったら、それこそ自身で立ち上げるのもありでしょう。

ただ何も、自分がエンジニアになれと言っているのではありません。これまでの金融スキルを生かしＶＣとして出資する役割を担ってもいいでしょうし、マネジメントが得意な人であれば、資金も含め人材を束ねることで、新たなベンチャーを興すようなアクションもありだと思うからです。

40代、50代の方々も、この先テクノロジーが出てきたら、銀行の業務はどう変わるのか。現在の業務とテクノロジーを組み合わせることで、何ができるのか。そのようなことを考えるといいと思います。

ただこのような思考をするには、これまでの知識や思い込みをアンラーニング、つまり、いったん忘れて、学び直す必要があります。いま起きている変化は物理でいうと古典力学と、量子力学ほどに違いがあります。これまでの経験的な知見が逆に邪魔になってしまうケースがあるのです。

そうして最先端のテクノロジーを開発している中心、30代のエンジニアとも議論ができるようなレベルの、知識やITリテラシーを持つことがポイントです。

●これまでの常識を疑い、変える

年代を問わず全般としてアドバイスできることは、昔から連綿と銀行に根づく常識を疑い、変えていこうとのマインドセットです。たとえばローン。なるべくリスクを取らない。前例がないから審査は通らない。これが、今までの銀行の常識だったと思います。

そうではなく、その企業が融資したお金を元に、どれくらいの成長を遂げるのか。これまでの同業種のデータなどを活用する新しいアプローチでもしっかりと評価し、ローンを通す。このようなより正確な判断はどうすればいいかを考えるマインドセットならびに、行動が必要だと思うからです。

マインドセットを変えるには、本書を読んでいただいても十分フックになると思いますが、銀行業界以外の、他の業界の動向に注目することをおすすめします。銀行であればふだんからさまざまな業界や企業の方々とお付き合いがあるでしょうから、それぞれの業界で、どのようなトレンドがあるのかを、まずは知ります。

そうしてトレンドを踏まえたら、顧客企業も含め業績がよい企業はどのようなアクションを取っているのか。特にテクノロジーを中心に見ていくと、おそらくマインドセットが変わってくると思うからです。中には、そのテクノロジーが銀行業務を脅かすようなケースだってあるからです。まさに本書の内容です。

他業界のトレンドを理解するためにも、前回の本でも紹介した5つのスキルを身に付けることが重要です。

・英語
・データサイエンス
・プログラミング
・ファイナンス
・ビジネスモデルが読める

プログラミングにおいては、現在の銀行業務を動かしているレガシー的なシステムの言語ではありません。具体的には、ＡＩ開発などでも使われているPythonなどがおすすめです。

Pythonを学べば、たとえば、「Pythonista（パイソニスタ）」というアプリで、簡単にiPhoneなどでふだん使っているサービスやアプリが、どのような仕組みで動いているのかが理解できます。その中から、銀行のサービスに活用できそうだ、あるいは銀行の既存サービスを脅かしそうだ。そのような発想が生まれてくるからです。

それなりの銀行に勤めていれば当然ですが、それぞれの年代や年次で研修を受けることができるでしょう。同様に、資格も取得できると思います。留学においても、制度が整備されている銀行もあるでしょう。

ただそのような銀行の年次レールに乗ってスキルアップするだけではなく、私がいま紹介した学びも一刻も早く、年次を気にすることなく、できればすべて20代のうちに終わらすような気持ちで臨んでもらいたいと思います。そしてそのようなマインドセットを持つことが、結果として生き残る銀行員になるのです。

AWSはジェフ・ベゾス宅という会議室の外から生まれた

●ワークショップやフレームワークは要注意

何かのスキルを身に付けようとする際、日本の企業の多くはワークショップやフレームワークを好みます。デザインシンキングなどはいい例です。デザインシンキングそのものを否定するつもりはありませんが、いわゆる形式張ったフレームワークに関しては、私は否定的です。フレームワークは魔法の杖《つえ》ではないと考えています。

実際、私は何かアイデアを発想する際、いわゆるフレームワークのように、ステージ1、ステ2、そして3、4と、形式張って考えることはありません。

そもそもワークショップやフレームワークを行う理由は、アイデアに煮詰まらない、出ないからです。言い方を変えると、ふだんからそのような状態に思考がなっていないからに他なりません。つまり重要なのはたまにフレームワークやワークショップではなく、常にアイデアが出るような状態に、脳みそや思考を訓練しておくことなのです。

そのような状態にする最善の方法は、議論です。そしてより画期的なイノベーティブなアイデアというのは、かしこまった議論の場ではなく、フランクなコミュニケーションの場。正確には他愛《たわい》もない雑談から生まれます。いわゆるお茶会や飲み会です。

実際、ふだんから私は大勢の人と会いますし、新型コロナがなければよく会食をします。半年に1度ワークショップを行うよりも、月に1度ほどの頻度で、できればふだんは知り合うことがないような銀行以外の業界の人と立場を越えて会って話すことをおすすめします。

気を使わない新橋の焼き鳥屋で議論

会食の理由は、思考がより柔らかくなるからです。そういった観点からも、場所はかしこまった料理屋さんなどではなく、ふつうの居酒屋がおすすめです。私もよく行きますが、新橋界隈にあるような焼き鳥屋さんなどが議論に向いているでしょう。

議論の場であれば一般的な会議でよいのではないか、と思う方もいるかもしれません。

しかしかしこまった業務内の会議やミーティングでは、お互いの立場があるので、それなりに忖度《そんたく》してしまいがちです。

成功確率の低いアイデアを提言したら、自分の価値が下がるのではないか、これは心理的安全性から仕方のないことでもありますが、どうしてもそのような雰囲気になりがちです。つまり議論はしているけれども、居酒屋のような本音トークではないのです。当然、賛否両論な画期的なアイデアが出るわけがありません。

本来議論とは、現在の状況や売り上げなどは置いておき、いま行っているビジネスは本当に顧客のためになっているのか、5年先を見越してゼロから作り直しても同じことをやっているのか？　そういった青くさい内容の、周りから見たら面倒くさい内容だと思えるレベルのことを話し合うことに意味があるからです。

ＡＷＳが参考になります。もともとアマゾンは、ＥＣのシステムをＳＩベンダーと構築していました。しかし顧客ファーストを掲げるアマゾンとしては、理念に見合ったシステムとは思えなかった。ましてやトラブルなどが生じたときは、どうしても対応が遅くなってしまう。そのようなことがおそらく何度か続いたのでしょう。

小売業ではあるけれども、もうそこは振り切って、自前でシステムを内製化しようと。

そしてそのようなアイデアが出た場は、会社のミーティングルームではなく、ベゾス氏が定期的に自宅で開いていた、長期的な取り組みについて話すオフサイトミーティングの場でした。会社の会議室ではなく、アットホームな場所で議論されたアイデアだったのです。

会社の通常の会議室での意見であったら、クラウドにお金も時間も人もかけるよりも、絶好調なEC事業に、より注力すべきだと、誰からも反対されると思いがちです。そもそも反対されることは目に見えていたら、提案しなかったと思います。

意見を採用したベゾス氏の手腕もさすがですが、ご存じのようにその後、AWSは世界屈指のクラウドプラットフォームに成長。日本の公共機関でも使われるようになり、今や、EC事業よりも利益を上げる事業に成長しています。

●若い人から声をかける

飲み会は若い人から先輩を誘うようにします。上の人から誘うのは、パワハラなどの問題もあり難しいからです。会議で却下されたアイデアがあったけれど、納得がいかない。ニューヨークへの留学を考えている。このようなテーマがある人は、ぜひとも上司や先輩に声をかけ、腹を割って話してみてください。

逆に上司の方も若いメンバーと近い距離で飲むと、いかに自分とは異なる価値観を持っているか。知識のドメインの違いなども、深く知ることができます。

飲みニケーションに否定的な風潮もあるようですが、私は真逆です（アルコールを体質的に受け付けない方は別ですが）。実際、大先輩に声をかけ、飲むこともあります。そしてそのような飲みの席に同席してくださる重鎮の方は、若造が何を言っているんだ的な思考の持ち主ではありません。

私が話した内容を、そのまま素直に受け止めてもらえることが多いです。けれどもしっかりと、飲みの席で得た知識・知恵を持ち帰り、ご自身のビジネスと重ね合わせ、経営に生かしていく。柔軟でスピーディーな動きをしている経営者は、このようなスタンスの方が多いように思います。

ぜひ、本書を読まれている経営層の方々にもそのような機会を作りやすくし、若く優秀で熱いメンバーからの意見に耳を傾け、業界を変革していってもらえれば、と思います。

この本が出ている頃には状況が多少は改善していることを願いますが、現在のコロナ禍では、飲みニケーションは難しい状況です。

ズームなどのオンラインでのコミュニケーションでは、どうしても業務だけの内容になってしまい、雑談が出づらいからです。そこで台頭してきたのが、音声ＳＮＳのクラブハウスです。

クラブハウスを利用したことのある方であれば分かるかと思いますが、特段、深い話はしていません。大抵のルームでは、ただ雑談が繰り返されているだけです。話をする人の質も２０２１年1月から3月にかけて随分変わってしまいました。しかし、この雑談がきっかけで新しい着想やアクションにつながることはあります。なるべく専門分野の違う人と話す機会をクラブハウスでなくてもよいのでぜひ作ってみてください。自分の常識が、相手にとって非常識なことはよくあることです。それが気づきを得るきっかけになることがあります。

職種ごとに銀行員が身に付けるべきこと

大前提として、先に紹介した5つのスキルは、どの年代でも、どの職種においても必須です。ふだんの業務では使わないケースも多いでしょうが、世の中のトレンドを知るとの観点から、最低限の知識は身に付けておくべきです。その上で、職種別に特に磨いておくべきスキルについて、解説します。

【営業】

これまでの営業職は、お客様との関係性があれば、それなりにビジネスインパクトを出せるケースもありました。いわゆる人柄や、長いお付き合いなどです。もちろん、これらの要素がまったく必要なくなるというわけではありませんが、これからの時代では、プラスアルファのスキルが求められます。

お客様のためになる知識です。

たとえば、ある製造業の顧客がシステム開発できるベンダーを探していたとしましょう。その際に、適切なアドバイスができるかどうか。知識があれば、仮にお客様が気に入っていたベンダーであっても、最適でない場合などにアドバイスできるからです。プラス、できれば最もベストな先の情報も提供します。

最新かつそれなりに深い情報を知ることが求められますから、英語は必須です。海外のレポートや友人などから知識を吸収し、まだ日本では知られていないような情報をお客様に提供することは、他者との差別化ならびにインパクトにつながります。

【アナリスト／エコノミスト】

これまでアナリストやエコノミストは、「Bloomberg（ブルームバーグ）」などの端末やシンクタンクから企業の決算情報や経済マクロ指標、政治動向などを得て、その情報を基に分析を行い、インサイトにしたり、レポートとしてまとめるなどしていました。

しかし、これからの社会は膨大な量のデータが上がってくるようになりますから、それこそ自ら自動化を使わずデータを収集・分析していては、時間が足りません。そこで、データサイエンスやプログラミングスキルが必要になってきます。

どのデータを的確に取得すればよいか、自動でＡＩに分析させるか。データサイエンスやプログラミングスキルがあれば、判断できるからです。そうしてＡＩでの処理の結果を見た上で、自分なりのインサイトを出すのです。

もう一つ、すでに必要なスキルとも言えますが、これまでは特定のセクターやドメインの知識に強ければ、インパクトを出すことができていました。しかしこれから先の社会では、GAFAなどの企業が簡単に業界の壁を飛び越えていきます。つまり、アマゾンやアップルが金融サービスに関わるようになってきたときに、アマゾンやアップルの動向を知っていないと、より正確なインサイトが出せないのです。

言い方を変えると、いかに現時点で金融セクターにおけるトップクラスのアナリストであっても、他業界の知識や情報にも精通していなければ、提供価値が高く維持できないということです。

当然、学ぶべきこと、情報をピックアップする先や情報源の属性も増えていきますから、これから同職種の人は、相当勉強しないと大変だと私はみています。またどのドメインのどの人から情報を得るのか。人材ネットワークならびに、情報を聞き取れる能力。言ってみれば記者のようなスキルも求められていきます。専門家に話を聞く能力とも言えるでしょう。

参考になるエコノミストがいるので紹介します。モルガン・スタンレーMUFG証券で元エコノミストで今はアドバイザーをされている、ロバート・フェルドマン氏です。最新のテクノロジーの動向や、自動運転に関する最新レポートを知らないか、とそういったコミュニケーションを取られています。

現在はＡＩや自動運転などが盛り上がっているテーマですが、２０２５年の未来ではおそらくテーマは変わっているでしょうから、当然、エコノミストやアナリストはそのようなトレンドに常にアンテナを張っている必要があります。同時に、いかに旬で価値ある情報を持っているかが、アナリストやエコノミストの価値の差分になっていくのです。

ちなみに同氏は御年68歳。大先輩が若手に情報を聞くという姿勢は常に重要です。

これからの銀行員に必要な「ＰＥ思考」とは？

これからの銀行業務は進化したローンやコンサルティングになると説明しましたが、おそらくローンだけではビジネスが厳しくなっていくでしょう。ライバルが多いですし、それほど大きなリターンも得られないようになっていくからです。

このようなトレンドから、私は既存の銀行はおそらくコンサルティングだけでなく、中小企業などのPE（プライベートエクイティ）ファンドが行っている、投資、再生、売却といった業務にも進出していくとみています。つまり、これからの銀行員が身に付けるスキルならびに学ぶ先は、PEが参考になる、ということです。特に、日立がアメリカのITベンダーであるグローバルロジックを約1兆円で買収をしたときもスイスのプライベート・エクイティパートナーズ・グループからの買収だったので、テクノロジーを武器にビジネスを変化させるには、企業の買収や再生は重要な意味を持っています。日本で手がける案件は規模こそ小さいものの、これから多くの中小企業の案件候補が出てくる中で、コンサルティング内で将来の絵を描くだけでなく、実際に経営権を持って価値を出したり、M&A（買収合併）を実現していくことも求められる機会が増えるでしょう。

近年はPEがベンチャー投資に入ってきていることもあり、ベンチャーとの関わりも出てくるでしょう。京都信用金庫は「QUESTION（クエスチョン）」というベンチャー支援のインキュベーションを作り、地域の新産業を活性化させようとしています。

新しい技術を常にキャッチアップし、実際に触れる

本書で紹介しているような新しい技術やサービスを、実際に自分自身で使ってみることも重要です。

保険業界で働く人であれば、体重や脈拍、睡眠といったデータはもちろん、それらのデータを基に健康やフィットネスに関する各種情報やサービスを提供する、アップルウォッチやフィットビットを、まずは使ってみます。

情報を把握することも重要ですが、もう一歩先、実際に自分が体験することで、得た情報や理解度が深まるからです。たとえば、現在のテクノロジーや製品でどこまでできるのか、といったことです。そのようなことが分かると、今の状態では自分のサービスは大丈夫かどうかとの気づきにもなるからです。逆に、このような製品やサービスが台頭してきたら、自分の仕事がなくなってしまうことにも、同じく気づくことができます。

自動車保険業界で働いている人であれば、自動運転が搭載された自動車に乗るべきです。

特に、昨今業界の間で話題かつキーになっている、イベントデータレコーダーは実際どう

なのか。おそらく業務ではすでに扱っているでしょうし、会社で研修などもあるでしょう。しかし、自分で実際に使うことで見えてくる、気づくことは先のアップルウォッチなどと同じく、必ずあるからです。

理想としては、自動車保険業界で働く人には一度試乗でもテスラに乗ってみることをおすすめします。従来よりも安価な自動車保険が、どのような仕組みで生まれているのか、どのようにデータ活用が行われているかを、自身の目や体験で知るのです。逆に、テスラのデメリットが見つかることだってあるかもしれません。

体験した後は自身のビジネスと重ね合わせ、どのような未来になっていくのかを想像したり、シミュレーションすることも大切です。グーグルやアマゾンが保険業界に進出してきたら、このようなサービスを手がけるだろう。そういったことをシミュレーションし、それこそ淘汰されると感じたら、キャリアを再考することも早めにできるからです。自分が経営層であれば、そのようなテックカンパニーとどう共存するかを考えることもできます。

実際に体験した知識や経験は、想像以上にお客様とのコミュニケーションのフックにもなりますし、自動運転を搭載した車両であれば、従来よりも保険料が20％以上も安くできそうだという納得感が出てきます。新たな商品の開発や提案にもつながると思うからです。すでに商品に加入していたら、それこそ自身が体験したことを顧客に話すことで、成約率が高まることは明白です。

すでに学ばれている人も多いとは思いますが、行動経済学をより深く学ぶべきメリットも金融では多いです。この先登場してくる保険が、実際に成立するのかどうかの判断が、より理論に基づいて正確になるからです。リスクの高い人ばかり集まる保険になってしまわないかどうかの判断などが、より正確になります。もちろん逆に、低リスクの人が多く集まる、業界にとってはうれしいサービスのめどや判断も、行動経済学を深く学ぶことでよりクリアに想像できるようになるでしょう。

証券業界で働く方々へのメッセージもまったく同じです。まずは業界のトレンドをできれば英語でアメリカなどの動向をキャッチアップします。先述したような、アメリカのベンチャーの多くが使っている上場手法ＳＰＡＣのメリット、デメリットなどの情報を、しっかりと勉強します。

各種証券アプリも実際に使ってみます。ウェルスナビなどのロボアドバイザーは日本でも利用できますから、こちらに関してはインストールし、口座を開設して実際に運用してみる。

ロビンフッドに関しては日本ではまだ使えませんが、アメリカのアカウントを作ってみてデモ画面は見ることはできますから、チェックし、実際にどのような技術ならびにサービスなのかを、自分なりに咀嚼《そしゃく》することが重要です。

これらの情報や体験を得た上で、ロビンフッドが実現したように、日本でいま以上に投資人口を増やすにはどうすればよいのか。どのようなアプローチやブランディング、アプリを開発すればよいのかを考えるのです。

考える際は、オリジナルであることが重要です。ロビンフッドはゲーミフィケーションで実現しましたが、まったく同じ方法ではロビンフッドには勝てないからです。別のやり方で、ロビンフッドよりも魅力的なかたちでのサービスやブランディングを熟考します。

日本人は株や投資信託に対して損をするから怖い、との感覚を持つ人がいまだに多いようですから、そのようなネガティブなイメージをどうすれば払拭《ふっしょく》できるのか。その答えを常に模索することが日本での「貯蓄から投資」を実現するきっかけになるかもしれません。

「最先端の情報をキャッチアップし、実際に使ってみた上で、自分の業界やサービスと重ね合わせシミュレーションする」。

銀行、証券、保険など業界の差はありますが、このような行動ならびにマインドセットを続けていくことが、これから先の金融業界で生き残るためには必要でしょう。

おわりに

現在も変わらず持ち続けていますが、私は途上国支援や国際環境協力といった分野に興味があります。実際、大学院時代は、卒業後はWHOなどの国際機関などで働くことも視野に入れていましたから、外務省でインターンシップし、海外の途上国への資金援助のスキームなどを学んでいました。

実際に東ティモールのJICA事務所を訪れ、現地でダムや発電所などを建設するプロジェクトの様子をこの目で学び、論文にまとめたりしていました。

ただそのような公的アプローチによる支援事業を学んでいくうちに、あることに気づきました。自分とスピード感が合わないことです。また自分が大学院を卒業してそのような公的機関に入ったところで、当時の自分に何ができるのか。いわゆる〝武器〟がないと感じていました。そこでお金では最先端のニューヨークで民間の金融機関に入り、お金に関する知見を身に付けようと思ったのです。

好奇心旺盛な性格もあり、ハーバード時代にも学生時代と同じように、いくつかの機関にインターンシップに出向きました。民間、公的機関どちらでも学びましたが、やはりこちらのインターンシップでも、自分には公的機関よりも民間企業の方が性に合っていると思いました。

スピード感も理由の一つですが、いわゆるベンチャースピリットに共感を覚えるからです。そんな折、東日本大震災が起きます。大津波が内陸数キロメートルの地点まで押し寄せ、街なかにはがれきが散乱。どこの道を通れば目的地に緊急物資を運べるのか、多くの人が困惑していました。

その悩みを解決したのが、グーグルマップにどの道が通行できるかというカーナビゲーションシステムの情報を一時的に共有して、誰もが通行できる道を知ることができるようにしたという取り組みです。これはボランティアでプロジェクトが進み避難所にいる人の情報を検索できなかったので、手書きの文字を手入力して検索できるようにしたという取り組みもありました。

私は東日本大震災をきっかけに、世界を良い方向に変えていく、変えられるのは国際機関だけでなく、テック企業のような民間企業、正確に言えば、これまでにない画期的なアイデアやサービスを、テクノロジーの力で生み出していくテックベンチャーの貢献できる余地は大きいと思いました。その後の流れは、冒頭「はじめに」で説明したとおりです。

本書のテーマである金融は、経済の血液といわれています。単にお金を貸すという意味だけではありません。本文でも触れているように、さまざまな業界の情報が集まってきますし、金融機能とテクノロジー企業は親和性があるため、世の中を変える可能性は大きいのです。いわば金融機関は経済の心臓でしょう。多くの優秀な人材が金融にはいらっしゃいます。

その金融業界を元気にすることで、日本企業全体、ひいては日本全体が活力を取り戻す。そのようなことを願いながら、執筆しました。

日本を元気にするには、私一人だけの力では限界がありますから、ここまで読まれた方もできることをしていただければ幸いです。私がベンチャー投資以外にも大学での授業などをしているのは、このような想いからでもあります。

つまり私の根幹にある想いは、これまで私が培ってきた知見やインサイトを活用し、デジタル化の波の中で困っている日本ならびに日本企業にもう一度競争力をつけて活力を取り戻したいのです。

最後に、ここまで読み進めてくださった方に、アマゾンのジェフ・ベゾス氏が退任する際の言葉の一部を紹介したいと思います。

「発明を続けてください。最初はクレイジーに見えるアイデアでも可能性を捨てないでください。意図的に横道に逸れることを忘れず好奇心をあなたの羅針盤にしてください。今日もまだ創業初日の気持ちで。」

アマゾンはもともとECの企業でありテクノロジーの企業ではなかったところから変貌しました。それができたのは常に最新の技術を学び、失敗をしながらも作り続けてきたからです。教科書がなく、完璧に見通せる教授などいない世界で、成長し続けるには常に新しいことを試し、学びながら続けるしかありません。

私はこれからも、学び続けます。ですから皆さんも、ぜひとも学び続けてください。世界の同世代は猛烈に勉強しています。その差は同世代が起業した会社に自分が勤める会社が20年後に買収されるときになって分かっても遅いのです。その上で課題意識などがあれば、いつでも私にご連絡ください。定期的に情報発信をしていくつもりですので、左のQRコードのフォームでもよいですしもしくは yamamototech2020@gmail.com で。すべてに返信はできませんが建設的なご意見には応じられると思います。

ペイ・フォワード――。私もそのように、人生の先輩方から学んできましたので。

著者略歴

山本康正（やまもと・やすまさ）

1981年、大阪府生まれ。東京大学で修士号取得後、米ニューヨークの銀行に就職。金融とビジネスの知見を身につける。
ハーバード大学大学院で理学修士号を取得。修士課程修了後グーグルに入社。メガバンク、証券会社、生命保険会社、損害保険会社などの金融機関の幹部に対し、フィンテックの導入や新しい技術導入、ビジネスモデル変革等のデジタルトランスフォーメーションを支援。テクノロジーの知見を身につける。
日米のリーダー間にネットワークを構築するプログラム「US-Japan Leadership program」フェローなどを経て、ビジネスとテクノロジーの両方の知見を活かし、主に「フィンテック」や「人工知能(AI)」を専門とするベンチャーキャピタリストとして活躍。また、自身がベンチャーキャピタリストでありながら、日本企業へのアドバイスなども行う。
京都大学大学院総合生存学館特任准教授も務める。著書に『次のテクノロジーで世界はどう変わるのか』（講談社）、『シリコンバレーのVC=ベンチャーキャピタリストは何を見ているのか』（東洋経済新報社）、『2025年を制覇する破壊的企業』（SBクリエイティブ）がある。

SB新書　548

銀行《ぎんこう》を淘汰《とうた》する破壊的企業《はかいてききぎょう》

2021年7月15日　初版第1刷発行

著　者　山本康正《やまもとやすまさ》

発行者　小川 淳

発行所　SBクリエイティブ株式会社
〒106-0032　東京都港区六本木2-4-5
電話：03-5549-1201（営業部）

装　幀　長坂勇司（nagasaka design）
本文デザイン　二ノ宮 匡（ニクスインク）
D　T　P　株式会社RUHIA
編集協力　杉山忠義
編集担当　水早 將
印刷・製本　大日本印刷株式会社

本書をお読みになったご意見・ご感想を下記URL、
または左記QRコードよりお寄せください。

https://isbn2.sbcr.jp/10241/

落丁本、乱丁本は小社営業部にてお取り替えいたします。定価はカバーに記載されております。本書の内容に関するご質問等は、小社学芸書籍編集部まで必ず書面にてご連絡いただきますようお願いいたします。

ISBN 978-4-8156-1024-1